O PRÓXIMO

Isidoro Vegh

O PRÓXIMO

Enlaces e desenlaces do gozo

Tradução
André Luis de Oliveira Lopes

Editor
José Nazar

Companhia de Freud
editora

TÍTULO ORIGINAL
El prójimo

Direitos de edição em língua portuguesa adquiridos pela
EDITORA CAMPO MATÊMICO

CAPA
Victoria Rabello sobre Narciso, *de Caravaggio*

EDITORAÇÃO ELETRÔNICA
Victoria Rabello

TRADUÇÃO
André Luis de Oliveira Lopes

REVISÃO
Sandra Regina Felgueiras

EDITOR RESPONSÁVEL
José Nazar

Rio de Janeiro, 2005

FICHA CATALOGRÁFICA

V525p

Vegh, Isidoro

O próximo : enlaces e desenlaces do gozo / Isidoro Vegh; tradução: André Luis de Oliveira Lopes; editor: José Nazar. – Rio de Janeiro: Companhia de Freud, 2005.

162 p.; 23cm.

Inclui bibliografia.

ISBN 85-85717-94-7

1. Psicanálise. I. Nazar, José. II. Título.

CDD-150.195

Companhia de Freud
editora

ENDEREÇO PARA CORRESPONDÊNCIA
Rua Barão de Sertório, 57 – 6º andar
Tel.: (21) 2293-7166
Rio Comprido – Rio de Janeiro
Cep 20.261-050
e-mail: ciadefreud@ism.com.br

Índice

Índice

Agradecimentos

As páginas que se seguem são precedidas pelos seminários proferidos na Escuela Freudiana de Buenos Aires entre agosto e dezembro de 1997 e 1998, intitulados "O próximo" e "Invocações". Agradeço a todos aqueles que me estimularam com sua presença e sua escuta atenta, suas perguntas e seus comentários.

Meu reconhecimento a Carlos Horacio Bembibre por suas reflexões sobre a tragédia grega como um caminho de aproximação do mistério da condição de uma mulher.

Também agradeço a Nilda Prados por sua reiterada colaboração na passagem da palavra falada à letra e a Melina Pipkin por sua paciência metódica nas correções inevitáveis e sempre insuficientes.

Meu reconhecimento a Marita Gottheil por sua confiança renovada na publicação desse texto.

Por último, meu agradecimento a Santiago Kovadloff, com quem tecemos, em bares e cafés de Buenos Aires, o que estas páginas expõem do valor penetrante e não menos enigmático da amizade.

Isidoro Vegh

Buenos Aires, maio de 2001

Prólogo

É por sua invocação que o outro advém à condição de próximo. Que seu lugar não seja indiferente ao sujeito é o anúncio velado que pela primeira vez se propagou em nossa cultura na máxima conhecida: "Amarás o próximo como a ti mesmo".

O que é mais obscuro, ignoto e indizível do que essa essência que nos habita?

O que é mais distante das capas do Eu que se mostram na cena do mundo?

O próximo é a oportunidade de alcançar esse "ti mesmo", enigma que nos anima e de que estas letras tentarão se aproximar sob as diversas modalidades em que se apresenta:

– na vida em comum, com seus espinhos e seus abraços;

– quando um homem encara outro em apostas sem garantia;

– quando o espaço se quebra em diferentes valores de gozo segundo a imersão daqueles que o habitam;

– na invocação desenvolvida na trama social, na prática da análise, ou na teoria e na lógica que prepara a sua escrita;

– na ênfase de um amor que não se iguala ao Eros da falta, que funda no Real sua vigência;

– no real do amor que enlaça e des-enlaça o imaginário e a palavra para o melhor ou o pior resultado;

– na revelação do horror da tragédia quando a afirmação do ser promove a morte;

– na direção da cura psicanalítica, quando decide seu fim na canalização do gozo recuperado e reconhece no corpo do próximo a via privilegiada;

– na transferência analítica, que não completa seus giros sem as voltas suficientes, que dizem bem a sua revolução nas ofertas de gozo que giram na mesma órbita, realizando o mau augúrio de um destino ou abrindo novos sulcos para o amor e a criação.

Se estas letras obtiverem algo na invocação ao leitor, me aceitar como próximo será o melhor prêmio à minha aposta.

Isidoro Vegh
Buenos Aires, maio de 2001

1.
A vida em comum

"Amarás o próximo como a ti mesmo", diz a máxima que tanto incomodava Freud (1930-1929: 106-107). Como amarei o próximo – que nem sempre me quer bem, muitas vezes quer o meu mal, goza de mim, me ultraja, me usa – do mesmo modo que a mim? Como haverei de amá-lo sem discriminar os próximos que me são próximos e aqueles que encontro na indiferença mútua? Com minhas palavras parafraseio seu protesto inflamado.

Mas o "ti mesmo" não anuncia um enigma a desvelar que não o iguala ao Eu? Se a sentença perdura através dos séculos, talvez ela guarde uma resposta que nos concerne. Talvez nos permita percorrer algumas encruzilhadas de nossa disciplina, a psicanálise. E a partir daí obter, também, alguma resposta sobre os laços que sustentam a trama social.

Para indagá-la – hoje é o meu caminho para avançar nos enigmas da transferência – me proponho desenvolver inicialmente uma das três vertentes desse outro que chamamos "próximo". Trata-se da vertente imaginária que reveste a sua presença.

A partir da formulação do nó borromeano[1] – a equivalência entre o Simbólico, o Real e o Imaginário –, há um aspecto que não se deve deixar passar sem reflexão: o valor do imaginário, que é preciso considerar em seu valor determinante, a ponto de o desencadeamento das psicoses se situar em sua falta. Não é um tema menor; estamos na dimensão imaginária da relação do sujeito com o próximo, definível em termos de reconhecimento.

---

[1] Escrita correspondente à teoria dos nós da matemática de nossos dias.

Trabalhando este tema, encontrei um autor cujas reflexões me resultaram especialmente pertinentes. Trata-se de Tzvetan Todorov e de sua obra *Vida em comunidade* (Todorov, 1995)[2]. Este autor considera que poderíamos definir o ser humano a partir de três perspectivas: "é algo na ordem do ser, é um ser vivo, mas não é redutível nem à sua condição de ser, nem à de ser vivo, já que, ao estar habitado pela linguagem, passamos a distinguir uma relação diferenciável de qualquer outro ser vivo na relação com o outro". Isso é o que chamamos, para além do viver, *ex-sistir* (fora-de-lugar), essa *ex-sistência* do sujeito representado pela palavra, mas exterior a ela.

O reconhecimento, nos diz Todorov, não é homogêneo, encobre diversas formas. A primeira diferenciação, a mais importante, é a que se impõe entre o reconhecimento de existência e o de confirmação. Com tom irônico, os personagens da farândola costumam situar assim o reconhecimento de existência: "Não me importa que falem bem ou mal de mim; o que me importa é que falem". Encontramos seu correlato no dito popular "O que mata é a indiferença", como forma de um desconhecimento maior. Assim, lutar com o outro é um modo de manter uma relação com ele. O reconhecimento de confirmação – ao qual nos referiremos depois – pressupõe o de existência, posto que assinalar tanto o seu valor positivo como o negativo confirma a existência daquilo que é valorado. Daí a radicalidade do reconhecimento de existência.

Em certos quadros neuróticos, domina, em um setor da rede que corresponde ao Outro primordial, um desfalecimento do desejo em relação ao filho – por exemplo, nasceu o bebê e morreu o avô materno, com o conseguinte luto. Trata-se de um momento dramático no qual o Outro desfalece e, com ele, o reconhecimento fundador, imprescindível. O ser humano não sobrevive se não houver outro que o reconheça em sua existência.

Recordo um caso muito dramático: um menininho de oito anos, o menor dentre os irmãos, morreu em um acidente. A mãe, que adorava esse filho, entrou em um luto patológico com um desinteresse total pela vida. Seu marido estava desesperado, já que, além de perder o filho, via sua

2 Já me referi ao tema no seminário "Falar do inconsciente", proferido na Escuela Freudiana de Buenos Aires, 1980 (inédito).

mulher à beira do suicídio. Um dia, o filho mais velho reuniu os dois e lhes disse: "O que vocês estão fazendo comigo? Eu existo...".

De modo que, quando encontrarem algum malvado que alardeia com as bandeiras do mal que prescinde do amor, perguntem que outro malvado como ele lhe é imprescindível. Há pelo menos um de cujo amor ele precisa; quando esse um falta, o sujeito cai. É também a história de Van Gogh: à medida que o mundo lhe foi sendo fechado, sua única sustentação passou a ser seu irmão Théo; só ele expunha seus quadros. Quando Theo lhe anuncia que vai embora, Vincent se suicida.

O reconhecimento de confirmação ou de valor pode adotar duas formas:

- *de conformidade*: concerne a quem gosta de ser um-entre-outros, de dissolver-se no conjunto. Por exemplo, quero ser torcedor de um determinado time de futebol e não me interessa diferenciar-me dos outros que ali estão;
- *de distinção*: designa quem se diferencia do conjunto e quer ser reconhecido como diferente; nós o encontramos na figura dos malcriados, dos filhos preferidos.

Quanto às estratégias de reconhecimento, uma delas é a demanda direta. Por exemplo, posso pensar que sou um excelente escritor; se não consegui vender nenhum livro, digo para mim mesmo: é porque a época que me coube não está preparada para receber semelhante criação. De modo ilusório, minha demanda de reconhecimento se projeta para o futuro. Às vezes essa demanda se funda em uma verdade; de fato, a obra de Van Gogh tem seu preço fixado hoje entre as mais caras da história da arte e, para além dos preços, trata-se sem dúvida de uma produção que merece o reconhecimento. Mas estou me referindo aqui à sua figura recíproca e inversa, que insiste no futuro do reconhecimento e que, na medida em que não se confirma a partir do Real, vem se deslocar para um futuro ficcional.

Outro reconhecimento pode ser veiculado por uma demanda válida ou não, como vemos especialmente no tratamento de crianças; por exemplo, em um menino muito travesso cuja violência é uma demanda de reconhecimento. No plano social, podemos, por exemplo, situá-lo na tenda armada na frente do Congresso[3] como uma forma pacífica de violência – uma irrupção em um espaço público – em relação a um reconhecimento que não é outorgado.

Outras estratégias podem levar a renunciar a ele, com a clínica que isso comporta – o isolamento, a depressão.

A nós, psicanalistas, este estabelecimento nos é suficiente, porque o sujeito se escreve com uma topologia que não tem nem dentro nem fora. A partir dessa topologia, trata-se de ver como esse outro que me habita me reconhece ou não, me distingue ou não, me confirma ou não.

Cabe incluir aqui algo que iremos trabalhar mais adiante, quando mencionarmos os outros registros: o bom ou o mau olhado. Posso vestir-me, se sou uma mulher, de maneira que todo mundo me diga "Você está tão bonita!", e responder ao elogio com um "Não me diga isso, estou feia, não posso nem me ver...", isto é, "Não posso me ver com esses olhos que hoje me habitam".

No texto ao qual vimos nos referindo, Todorov faz uma pontuação muito precisa das reflexões que pôde encontrar na história do pensamento ocidental sobre essa problemática. Creio que será útil especialmente para nós que, situados na perspectiva lacaniana, sofremos de um preconceito alimentado pelos primeiros anos do ensino de Lacan, marcado pela árdua luta que ele empreendeu para resgatar a psicanálise freudiana de sua queda em uma relação imaginária do analista com o analisando.

Todorov cita o preceito de Montaigne, esse grande pensador do ceticismo moderno:

> Façamos com que nossa satisfação dependa de nós, livremo-nos de todos os laços que nos atam ao outro, logremos viver sós no momento oportuno e fazê-lo da nossa maneira [...] Abandonai, junto com as outras voluptuosidades, a que provém da aprovação do outro (Todorov, 1995: 18).

---

3 Em 1999, e durante mais de um ano, os docentes argentinos realizaram uma manifestação sindical através de um jejum em uma tenda branca instalada na frente do Congresso Nacional. Sua reivindicação de aumento salarial era também um desejo de reconhecimento do valor de seu trabalho.

Aqui temos um ideal que esteve vigente no grupo lacaniano: o ideal do sujeito que consegue prescindir do outro. Ir ao outro não significaria mais do que uma voluptuosidade da qual seria melhor se livrar.

Outro pensador, De la Bruyère, afirma: "Às vezes o homem parece não bastar a si mesmo". Formulação que já nos indica qual seria o pano de fundo dessa preferência: um desejo tão singular que nada tem a fazer com o outro (idem). Assim, esses autores reconhecem que o real é a sociabilidade, mas o ideal é a solidão.

Todorov, por sua vez, confessa que precisa do outro, por exemplo, do leitor. Necessita dele para acompanhá-lo, por isso se esmera em formular sua tese de modo a que o leitor possa e tenha vontade de acompanhá-lo. E acrescenta: "Desde o Renascimento renuncia-se a associar a natureza com o ideal" – o ser humano, em sua natureza, não é uma boa pessoa. Esse giro opera simultaneamente na política e na psicologia, e seus responsáveis são os próprios autores. Maquiavel e Hobbes foram os representantes desse pensamento.

Segundo a nova concepção (que não constitui uma novidade radical),

> [...] há séculos a sabedoria das Nações ensina que o homem é um lobo para o homem, o ser humano só se ocupa dos outros aparentemente e para estar de acordo com a moral oficial: na realidade é um ser puramente egoísta e interesseiro, para quem os outros homens não são senão rivais ou obstáculos. Se não estivesse sujeito às poderosas proibições da sociedade e da moral, o homem, ser essencialmente solitário, viveria em constante guerra com os seus semelhantes, em uma perseguição desenfreada do poder (ibidem: 19).

No *Leviatã*, Hobbes expõe assim:

> A natureza fez os homens tão iguais em suas faculdades corporais e mentais que, mesmo que se possa encontrar às vezes um homem manifestamente mais forte de corpo ou mais rápido de raciocínio que outro, ainda assim, quando tudo é levado em conta em conjunto, a diferença entre um homem e outro não é muito considerável para que um deles possa reclamar para si algum benefício que o outro não possa pretender tanto como ele [...] Pois a natureza dos homens é tal que, mesmo que possam reconhecer que muitos

> outros são mais espertos, mais eloqüentes ou mais instruídos, dificilmente acreditarão, contudo, que existam muitos mais sábios do que eles mesmos: pois vêem muito de perto sua própria inteligência e a dos outros à distância (Hobbes, 1979: 222-223).

Finalmente, Hobbes conclui:

> Dessa igualdade de capacidades surge a igualdade na esperança de alcançar nossos fins. E, portanto, se dois homens quaisquer desejam a mesma coisa, de que, não obstante, não podem ambos gozar, tornam-se inimigos; e em seu caminho para seu fim (que é principalmente sua própria conservação e, às vezes, apenas o seu deleite) se esforçam mutuamente em destruírem-se ou subjugarem-se (idem).

Tal é a tese que o leva a propor o Estado como organizador que permite pacificar ali onde sem ele não poderia imperar senão a guerra.

Diante desse egoísmo que todos reconhecem, seja como ideal a sustentar – é o caso de Montaigne –, ou como algo que se deve demarcar, definem-se posições distintas:

> Tendo comprovado que o homem é por natureza um ser solitário e egoísta, podemos avançar em duas direções opostas: combater a natureza ou, ao contrário, glorificá-la (Todorov, 1995: 20).

Existe, efetivamente, uma tradição de autores que glorifica essa natureza egoísta do homem, tradição que chega até Lacan. La Rochefoucauld, primeiro grande representante dessa visão do homem, escolhe o combate. A propósito disso, Todorov assinala: "A vida em sociedade restringe o apetite imoderado dos homens e lhes impõe a aprendizagem da reciprocidade". A sociedade teria assim a função de dar limite a esse apetite imoderado que cada um de nós porta. Não podemos negar que, em certas passagens, o texto freudiano estabelece o mesmo: a criança nasce com uma pulsão excessiva e só aquilo que pode delimitá-la tornará suportável a pulsão de morte, derramada sobre o mundo como pulsão de destruição, ou a pulsão sexual com seus apetites imoderados.

Pascal, por sua vez, sustenta: "A união que há entre os homens se funda em um engano mútuo" (idem). Os homens não viveriam muito tempo em sociedade se não se enganassem uns aos outros, cada um para obter do outro aquilo que busca.

Uma teoria que nos surpreende é a de Kant, que interpreta o choro do recém-nascido como "o primeiro protesto por ter que precisar do outro" (idem). Kant assinala que o ser humano sofre de três apetites lamentáveis: *Ehrsucht, Herschucht, Habsucht*, isto é, sede de fama, de dominação e de bens. Esses apetites constituem a desgraça do gênero humano porque impelem cada indivíduo a querer impor sua vontade ao outro. Virada na história do pensamento ocidental, o desejo de glória, bem visto desde a *Ilíada*, está encarnado em Aquiles; para Kant, em contrapartida, esse desejo é uma das causas da guerra.

Quanto à teorização lacaniana, há autores que pontuam – e de certo modo é correto – que, efetivamente, quando não está bem enodado, esse afã de se fazer um nome também implica uma posição que propicia o desencontro com o outro.

Avancemos em outra direção. Até agora consideramos autores que pensam o ser humano mais como semelhante ao lobo do que do homem. Se nos remetermos à *Política*, de Aristóteles, nos deparamos com uma fórmula que, se tomada ao pé da letra, é surpreendente. Ali se lê: "O homem que não tem a capacidade de ser membro de uma sociedade ou que não experimenta de modo algum a necessidade disso porque se basta a si mesmo não faz parte da pólis e, conseqüentemente, é um bruto ou um deus". Estranha equiparação do excelso e do depreciável.

Se nos remetermos a Jean-Jacques Rousseau, qual é a idéia mais difundida de seu pensamento? Rousseau defende a vigência de um homem no início naturalmente bom, que se perverte em seu encontro com os outros, no seio da cultura. Formulação que só em parte é diferente das que vimos revisando e coincide com elas na exigência segundo a qual há primeiro um indivíduo, enquanto a ligação com o outro se daria em uma segunda instância.

Esta versão provém dos textos em que Rousseau tematiza a questão, como o chamado *Discurso sobre a origem e os fundamentos da desigualdade entre os homens*. Ali se pergunta:

> [...] por que buscar nossa sorte na opinião do outro quando podemos encontrá-la em nós mesmos? [...] E não é suficiente para aprender suas leis entrar em si mesmo e escutar a voz da consciência no silêncio das paixões? Eis aí a verdadeira filosofia, saibamos nos contentar com ela e, sem invejar a glória desses homens célebres que se imortalizam na república das letras, tratemos de pôr entre eles e nós esta distinção gloriosa que se fazia notar entre dois grandes povos: que um sabia falar bem e o outro trabalhar bem (Rousseau, 1995: 36-37)[4].

Essas formulações nas quais Rousseau questiona o valor da cultura – fala inclusive de queimar livros – devem ser situadas em seu contexto, que é o dos albores da Revolução Francesa. Rousseau é um de seus teóricos e, nessa condição, denuncia as classes dominantes de seu tempo, a arte e a cultura valorizadas por elas.

Em seus *Diálogos*, Rousseau propõe uma visão distinta do ser humano e inaugura um novo modo de pensamento da relação do sujeito com o outro no mundo ocidental. Assim, introduz como uma distinção fundamental a que separa o "amor por si mesmo", amor indispensável, semelhante a um instinto de conservação – segundo Todorov –, do "amor próprio", equivalente da vaidade e que determina nossa dependência do juízo dos outros. Se sairmos da perspectiva historicista, cujo ponto de partida é um homem primitivo que nunca ninguém viu, e nos ajustarmos ao mundo em que vivemos, há algo inexorável no ser humano, precisamente esse amor por si mesmo e esse amor próprio, quer lhes sejam designados um valor positivo ou negativo. Os dois amores falam de nossa dependência do outro, da importância que tem para cada um a valorização do outro.

A meio caminho entre o amor por si e o amor próprio, Rousseau situa a consideração, forma moderada que não chega à vaidade e que corresponde ao modo como o outro nos valoriza. Diz:

> [...] todo apego ao outro é um sinal de insuficiência; se cada um de nós não tivesse necessidade dos outros, não pensaria em se unir a eles; só Deus conhece a felicidade na solidão.

4 Refere-se ao triunfo de Esparta sobre Atenas, que acabou destruída.

Traça-se assim o perfil de algo que a cada vez irá se distinguindo melhor: essa valorização dos outros ganha peso no modo como nos vêem – como podem perceber, deslizará ali aquilo que concerne ao olhar do outro.

Rousseau descobre uma virada nessa reflexão sobre o sujeito e o outro. Todorov assinala, com sua habitual clareza, o caráter dessa descoberta: "As relações com os outros aumentam o si mesmo ao invés de diminuí-lo".

Nos primeiros autores que mencionei, a proposta já sugeria a disjunção entre o sujeito e o outro, o confronto entre a bondade natural e a corrupção que lhe sucede, ou entre a disposição natural e as coerções impostas pela sociedade. Pela primeira vez Rousseau propõe uma mudança nessa relação, na medida em que, segundo sua afirmação, quando o outro me valoriza, aumenta a minha própria valorização.

É a partir daí que outro grande autor, cujo pensamento esteve no horizonte de Marx, vai propor como eixo, todavia das relações econômicas, um conceito que ressoa claramente na relação do sujeito com o outro, o de *simpatia*. Efetivamente, o pai da economia política moderna, Adam Smith, não identifica os bens como a meta privilegiada da busca do homem. Em seu texto de 1759, *A teoria dos sentimentos morais*, diz:

> Que nos observem, que se ocupem de nós, que nos prestem atenção com simpatia, satisfação e aprovação: essas são todas as vantagens às quais podemos aspirar, [...] a natureza, ao formar o homem para a sociedade, lhe ensinou a encontrar seu prazer ou seu tormento nos olhares do outro, em função de serem favoráveis ou desfavoráveis (Todorov, 1995: 36).

Em relação a isso, Todorov sublinha que "a necessidade de ser olhado não é uma motivação humana entre outras, é a verdade das outras necessidades".

Um presidente – evitarei fornecer dados precisos – passeava em uma Ferrari vermelha. Seu gosto por essa cor que se destaca no cinza do asfalto e das cores variadas dos demais automóveis permite supor que seu maior desejo não era o automobilismo, mas a captura dos olhares.

Todorov conclui com uma referência a um autor francês, Jean-Pierre Dupuy, que em seu comentário sobre Adam Smith afirma que "o sujeito smithiano é radicalmente incompleto, pois não pode prescindir do olhar dos outros" (idem: 37).

Vamos prosseguir com outro pensador mais próximo de nós, como é Hegel. São múltiplas as referências lacanianas à leitura que Kojève – um dos mestres, além de Clérambault, que Lacan reconheceu publicamente – fez de Hegel. Mestre de filosofia de uma geração, Kojève introduziu o ensino de Hegel na Sorbone. Até então, como dizia um crítico, o percurso da filosofia culminava em Kant. Por sua proximidade com Marx, Hegel era muito perigoso. Kojève foi o primeiro que se entusiasmou e tentou a leitura de *A fenomenologia do espírito*, texto de onde Lacan toma várias figuras, ao ponto de um psicanalista que não o tinha em boa conta, André Green, acusá-lo de hegeliano.

O que Hegel propõe sobre a natureza do gênero humano? A vulgata de sua conceitualização centra-se na dialética do Senhor e do Escravo, segundo a qual a consciência não se satisfaz em seu encontro com os objetos através da certeza sensível, da percepção ou do entendimento. Sua própria carência, a que se funda na relação com sua autoconsciência e seu desejo, a conduz a buscar em outra consciência aquilo que lhe falta, isto é, o reconhecimento. A luta de morte entre o Senhor e o Escravo é, inicialmente, a luta entre iguais para obtê-lo.

No encontro de duas autoconsciências está em jogo qual delas reconhecerá à outra o lugar preeminente. Quem estiver disposto a morrer nessa luta será o Senhor e quem preferir salvar sua vida – motivo pelo qual deverá suspender o combate – será o escravo. O problema, assim proposto, não tem saída. Efetivamente, "se ganhei a batalha és meu escravo e me reconheces, mas o que importa o reconhecimento de um escravo?". Tal é a disjunção proposta por Hegel.

Qual é a crítica que Todorov faz desses desenvolvimentos que vimos? "São escritos por homens, não por mulheres – afirma –, e talvez por isso acentuem a filogênese ao invés da ontogênese", isto é, a origem da humanidade e não a de cada um a partir do nascimento. Se se tivesse privilegiado a segunda perspectiva, se teria observado que no primeiro encontro do *infans* com o outro não há guerra, mas cuidado. Esse primeiro encontro entre o bebê e a mãe supõe, da parte dela, não apenas o auxílio para satisfazer as necessidades do bebê, mas também o amor. Todorov diz isso com simplicidade: "A primeira coisa que um bebê faz quando pega o peito, além de fazê-lo, é olhar a sua mãe e buscar seu olhar". Não se trata de um autor ingênuo, mas, ao contrário, de alguém que conhece a bibliografia psicanalítica, os textos lacanianos e que constrói sua argumentação recorrendo a diferentes teorias da disciplina. Não deixa de me causar estranheza que Lacan não seja mencionado em seu livro.

A perspectiva do presente trabalho busca interrogar nossos preconceitos. Não se trata de empreender uma revisão erudita. No mundo contemporâneo, no dos nossos ideais, a problemática que nos ocupa está presente em autores muito queridos, tais como Georges Bataille, Blanchot, anteriormente Nietzsche e posteriormente Deleuze. O que retorna neles? Segundo Bataille, em seu texto *O erotismo*, "Sade impeliria até um ponto jamais antes alcançado a idéia do isolamento humano. Toda a sua concepção está baseada, de acordo com Blanchot, no fato da solidão absoluta" (Todorov, 1995: 59). Esta última afirmação provém do texto de Blanchot *Lautréamont et Sade*, no qual assinala:

> Sade disse e repetiu de todas as formas, a natureza nos faz nascer sozinhos. Não há nenhum tipo de relação de um homem com outro [...] O verdadeiro homem sabe que está só e aceita isso.

Diante dessa afirmação, Bataille expressa:

> O homem solitário de que ele [Sade] é porta-voz não considera em nada seus semelhantes. [...] E por essa razão deveríamos estar agradecidos a Sade: foi-nos dada uma imagem fiel do homem diante do qual o outro deixaria de contar (ibidem: 60).

Em nossos dias estamos na presença do ideal deste homem solitário. Continua Todorov: "A explicação desse novo paradoxo reside em que o pensamento de Bataille é dualista, já que, de acordo com ele, o próprio homem é duplo". Inclui então uma citação deste autor, segundo a qual

> [...] a vida humana é composta de duas partes heterogêneas que não se unem jamais. Uma com sentido, o qual é concedido pelos fins úteis, conseqüentemente, subordinados; essa parte é a que aparece na consciência. A outra é soberana, [...] é retirada de todas as maneiras da consciência (ibidem: 60-61).

De minha parte, agradeço a Bataille por nos ajudar a apreciar a contribuição de Sade, esse aspecto da violência humana cujo valor positivo reside em não negociar com o conformismo; até aí, entendo inclusive o valor ético e moral da proposta de Sade. É o valor do mal, entendido como aquilo que nos habita e que não combina com a moral que a sociedade nos exige ou impõe. O problema surge quando se reduz o ser humano a esse único aspecto, algo que equivaleria a fixá-lo no lugar de uma separação absoluta do outro.

Todorov localiza um preconceito segundo o qual o mal diz a verdade do homem, contrapartida do outro, aquele que levava a formular que essa verdade era o bem. Preconceito especular, então, o dessa verdade situada no mal que determina a falsidade de todo o resto. Assim, amar alguém seria falso, porque definitivamente tudo o que se quer é, de algum modo, fazer do outro o objeto de exigências. A partir desta perspectiva, o amor não seria senão um caminho para alcançá-lo.

Todorov assinala, além disso, um segundo preconceito nesses autores – difundido também em nosso grupo –, preconceito que é, além disso, um erro lógico. Consiste em crer que "moral" é uma má palavra, confundindo moral com moralidade.

A moral é a colocação em prática de uma ética – e a ética é, portanto, a teoria de uma prática que chamamos moral. Porém se costuma considerar que a ética é boa e a moral é má. O erro lógico presente nesses autores os leva a supor como equivalentes estas duas fórmulas: se toda moral – no sentido de "moralidade" – é social, uma demanda do aparelho de poder para conformar seus súditos, então todo o social é moral. Para nos libertarmos da moral, conseqüentemente, temos que nos libertar de qualquer convite ao social, do encontro com o outro. Nessa exigência poderão ser reconhecidos os preconceitos que nos habitam e atravessam a comunidade analítica.

Todorov assinala:

> Se nos negarmos a definir tautologicamente a soberania pela negação dos outros – formulação que encontra uma base forte em certa leitura nietzscheana, na qual se tende a confundir a vontade de poder com o exercício do poder sobre os outros, duas coisas que não são idênticas, mas supondo que sejam –, poderíamos interpretá-la como o gozo do poder.

Abordaríamos assim uma erótica da política, entendendo por política o gozo do poder. Porém – pergunta Todorov – "Podemos gozar do poder sozinhos?". Isto é, tem graça um poder que se exerce solitariamente? Mais ainda, o que é o poder? Trata-se, sobretudo, de dispor dos bens?

A esse respeito: se observamos o panorama político mais próximo, com o que certos governantes roubaram é impossível que possam comprar mais bens. O dinheiro que têm é suficiente para tudo que eles, seus filhos e netos possam necessitar... Então, qual é a natureza desse poder ao qual não querem renunciar? Prontamente, seria torpe reduzi-lo à dimensão da necessidade. Em um artigo publicado em um diário de prestígio de Buenos Aires, Safouan sugeria: "Trata-se de poder se igualar aos deuses". Sem dúvida, mas também se trata desse gozo do poder entendido como o exercício da vontade de gozo. Os teóricos da ciência política o chamam "decidir a agenda". O gozo residiria em determinar por onde caminha a vida em conjunto de uma comunidade. Mas isso – e eis aqui o paradoxo que fica velado, que cai sob a barra do discurso do mestre – equivale a pôr em ato que também eles são sujeitos divididos, porque estão confessando que precisam dessa relação com o outro para afirmar seu poder. Assim, quando se diz "Tem um séqüito de bajuladores", designa-se um *plus* não redutível ao terreno da necessidade. Efetivamente, por que precisam de bajulação?

Para concluir este percurso, Todorov resume brevemente a posição que estamos questionando, a que faz do mal a verdade do homem. Referindo-se àqueles que a sustentam, ele se pergunta: "Por que preferem levantar esta bandeira e não a oposta? Porque ao se mostrarem como malvados afirmam-se sós, estão prontos para confessar tudo, menos a sua dependência, a sua necessidade dos outros". De modo que há também uma erótica que sustenta esse preconceito do homem mau, esse "Eu não preciso de ninguém". E sabemos que não é preciso recorrer a Sade para encontrá-la, já que é o pão nosso de cada dia.

Voltamos a esse primeiro encontro com o outro. Trata-se ali, segundo Todorov, de uma demanda de reconhecimento?

O que queremos tornar claro com tudo isso? Dissemos que o próximo é a presença do outro; esboçamos a relação de encontro e desencontro com o imaginário do outro sustentada de um modo privilegiado pelo olhar.

Isso que até certo ponto Lacan presentificou no modelo ótico (Lacan, 1966: 674-680), do qual ele mesmo chega a dizer que não constitui uma boa maneira de introduzir o objeto – porque não se vê nem de onde vem nem como é, e parece um artifício –, podemos abordá-lo recorrendo à sua última formulação, o nó borromeano de três anéis:

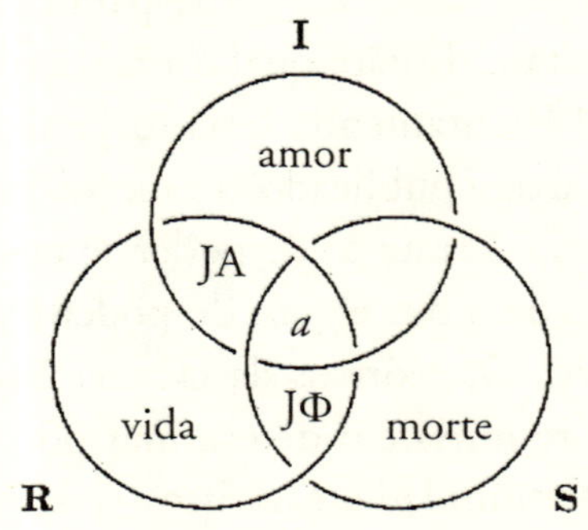

a: mais-de-gozar
JA: gozo do Outro
JΦ: gozo fálico

A localização que Lacan dá ao objeto a nos adverte que o osso do Imaginário é também um pedaço de Real, que lhe dá consistência. O Imaginário já não é só uma lâmina, ele oferece consistência. Na parafrenia, por exemplo, contamos com a lâmina, mas não com a consistência. O osso do Imaginário é este objeto *a*, a princípio indicado por essa espécie de objeto que Lacan denomina *olhar*, que falta na parafrenia.

Todorov nos conduzia por um caminho trabalhado, mostrando que o ser humano não chega ao mundo em uma situação de luta, como propõe Hegel. Semelhante definição – esclarece – supõe concluir o mundo em termos de adultos que disputam um território, ao modo dos cavaleiros feudais, isto é, pensar o mundo como luta. Mas ocorre que o ser humano – o *infans*, assinala Freud – nasce em estado de desamparo, de *Hilflösigkeit*; não pode subsistir sem o outro. Há ali uma relação de dependência, de necessidade do cuidado trazido pelo outro que propicia a demanda de seu amor e engendra o objeto do desejo.

Lacan já havia questionado Hegel em seu comentário sobre *A fenomenologia do espírito.* Referindo-se à dialética do Senhor e do Escravo, ao confronto das duas consciências, estabeleceu que a parcela de verdade que havia ali, referida à tensão agressiva imaginária, não dava conta da ordem simbólica que detém o confronto e propicia que a morte real seja substituída por um novo laço social, a servidão.

Se se trata da representação ou do sentimento quando saem da consciência e resultam *unterdrückt*, isso é, "postos embaixo", passam a fazer parte do inconsciente descritivo, não dinâmico, uma dimensão pré-consciente. Em castelhano, a operação correspondente é a que conhecemos como "supresión" ["supressão"]. Fazem parte do Imaginário.

Em termos teóricos, quando Lacan avança sua escrita dos nós o Imaginário deixa de ser só uma superfície; tem um osso que não se resume a esse mesmo registro. É isso que Todorov situa no olhar, um dos tipos do objeto *a*. O reconhecimento é apenas uma de suas eficácias. As outras são a trama inconsciente, registro do simbólico que a inscreve, e o gozo que ele determina. Sua lógica de reciprocidade é que esse osso de Real não se institui sem um outro que o reconheça e afirme sua existência, sua distinção.

2.
A opacidade do outro

Vou fazer referência a Emmanuel Levinas, um dos pensadores mais importantes da tradição filosófica que reenvia a Heidegger. Percorrê-lo é muito agradável, tanto por seu estilo como pela ética que propõe e pela fineza de suas elaborações.

Vou destacar alguns parágrafos de um de seus textos para ver onde se situa a problemática dessa relação com o outro a que quero chegar. O livro ao qual remeterei meus comentários se chama *Entre nós: ensaios sobre a alteridade* (Levinas, 1991) e, como se pode ver, já desde o título estamos no centro de nossa questão.

Mantendo no horizonte a referência lacaniana a esse "tu", efeito do discurso em sua dimensão invocante, vou abordar uma pequena passagem dessa obra de Levinas que ressalta seu valor.

> Isolar um ser dos outros, isolar-se com ele no secreto equívoco do "entre nós" não garante a exterioridade radical do Absoluto. Só o irrecusável e severo testemunho que se insere "entre nós" e que através de sua palavra torna pública nossa clandestinidade privada, só esse exigente mediador entre um homem e outro está à frente, é "tu". Esta é uma tese que não tem nada de teológico, já que Deus não poderia ser Deus sem ter sido antes este interlocutor (idem: 36).

Segundo essa interpretação, a dimensão do "tu" é anterior a Deus. Ela está nos anunciando que para nós esse *tu* é instituinte, com o qual já abordamos, por outra perspectiva, a de um pensamento muito elaborado, a necessidade do outro para a constituição do sujeito.

Todorov questionava o fato de que alguns pensadores, formulando-o ou não, propuseram na origem um indivíduo bom ou mau, que só em um segundo momento se aproximava do outro. Tanto as teses de Levinas como as de Todorov, em troca, assinalam que a referência ao "tu" tem valor absoluto, não há condição através da qual possa ser extraída e é inerente a nossa constituição como sujeitos.

Neste sentido, sustenta Levinas: "O pensamento começa com a possibilidade de conceber uma liberdade exterior à minha" (idem: 31). O que se afirma nessa frase? Algo não muito diferente do que Lacan adianta no texto sobre *a negação* (a *Verneinung*) ou o de Freud a propósito da *denegação*. Freud estabelece como condição primeira para a emergência do psiquismo a produção de uma *Ausstossung* fundadora, uma expulsão no ponto de partida. Algo do sujeito passa a se constituir em uma exterioridade absoluta, primária, sem a qual não há *Bejahung*, não há um primeiro traço que possa inscrever-se. Isto é, se não se constitui um não-eu, um não-sujeito parte da estrutura, não há possibilidade de uma primeira inscrição do sujeito. A expulsão precede o primeiro traço que se inscreve. Daí a radicalidade extrema do reconhecimento dessa vigência do outro como condição e parte da estrutura do sujeito.

Outro fragmento de Levinas nos permite observar em que perspectiva se situa esta noção de exterioridade, certamente muito distante da crença em uma bondade universal ou numa harmonia que nos faria dançar juntos em roda, alegres, de mãos dadas, como as figuras representadas em alguns quadros de Mattisse. Diz assim: "Ao se referir ao ente na abertura do ser, a compreensão encontra uma significação para ele a partir do ser" (idem: 21). Para aqueles que não estão familiarizados com a terminologia heideggeriana do autor, o ser humano é um ente que desabrocha na dimensão da palavra: "Nesse sentido, a compreensão não o invoca, simplesmente o nomeia. Deste modo exerce em relação a ele certa violência e certa negação". Isto é, o encontro com o outro inicia na violência-negação. Algumas linhas mais abaixo acrescenta:

> E essa parcialidade reside no fato de que o ente, sem desaparecer, encontra-se em meu poder. Essa negação parcial que é a violência nega a indepen-

> dência do ente: é meu. A posse é o modo como um ente, sem deixar de existir, é parcialmente negado. Não se trata somente do fato de que o ente seja instrumento útil consumível, isto é, meio, já que também é fim; trata-se de que seja alimento e, no gozo, se ofereça, se dê, seja meu.

Assim, no primeiro encontro com o "tu", Levinas assinala uma finalidade de gozo na qual está implícita a posse do outro e, ao mesmo tempo, sua negação. Seria, levando-a ao extremo, a proposta de Sade: gozo do outro no conjunto das exigências que surgem de minha vontade de gozo. Formaliza Levinas:

> O encontro com outro consiste no fato de que, seja qual for a extensão de minha dominação sobre ele e de sua submissão, não o possuo.

Deparamos-nos aqui com certa lógica que não "fecha": querendo possuir o outro em sua totalidade e na totalidade de seu gozo, algo me escapa.

> [O outro] Não penetra do todo na abertura do ser onde me mantenho como campo de minha liberdade. Não vem ao meu encontro desde o ser em geral. Tudo o que me chega dele a partir do ser em geral se oferece, sem dúvida, à minha compreensão e à minha posse. Compreendo-o a partir de sua história, de seu meio, de seus hábitos. O que escapa nele à compreensão é ele mesmo, o ente. Não posso negá-lo parcialmente, através da violência, captando-o a partir do ser em geral e possuindo-o. O outro é o único ente cuja negação só pode anunciar-se como total: o assassinato. O outro é o único ente que posso querer matar.

Nesse esforço de possuir o outro, encontro esse outro irremediavelmente bordejado pela minha compreensão, por aquilo que conheço de seus hábitos, de sua história, nesse contraponto entre o atual e a série temporal (seus hábitos são o desenrolar de sua história). Quando compreendo isso, observo que há uma opacidade do outro, algo que escapa, um resto de gozo para além do que pretendo conseguir como exigência. Só me resta matá-lo. Mas se executo o assassinato fico sem o outro e o que ele significa para mim.

Já fizemos alusão a esse desespero do libertino, ao seu fracasso em alcançar o gozo extremo, esse sujeito puro do prazer. Encontramo-lo no conto de Kafka, "Na colônia penal", que representa o limite do horror quando o torturador fica esperando o instante em que sua vítima, em cujo dorso grava com uma máquina o delito cometido, se oferece como um sujeito puro de prazer, para além de qualquer dor, como sujeito de um gozo sem dor. O torturador fracassa em seu objetivo, porque, quando espera satisfazer-se com o rosto da vítima – que representa como semelhante sua própria possibilidade de um gozo extremo –, o torturado tem a má idéia de morrer (Kafka, 1979: 131).

Levinas assinala a impossibilidade de resolver, em termos de afirmação utilitarista ou de mera questão cultural, isso que está na origem de nossa tradição judaico-cristã, excedendo-a, formulado explicitamente como mandamento: "Não matarás". Procurando esclarecer as razões de sua vigência, assinala, por um lado, esse esforço de gozo do outro que há no ser humano e, além disso, essa opacidade através da qual o outro escapa, arruína a vontade de posse que levaria, em seu extremo, ao assassinato. A história da humanidade deu provas suficientes disso, incluindo as formas extremas que alcançou em nosso século. O problema, dizíamos, é que, no momento de matar o outro, perco-o, e com seu ser perco, simultaneamente, a opacidade que me revela e me faz falta.

Levinas avança em sua elaboração e situa um lugar privilegiado nesse encontro com o outro:

> Posso querê-lo [o meu esforço de matar o outro]. E, apesar disso, este poder é totalmente o contrário do poder. O triunfo desse poder é uma derrota como poder. No mesmo momento em que se realiza meu poder de matar, o outro me escapou. Sem dúvida, posso perseguir um fim ao matar, posso matar do mesmo modo que caçar, cortar árvores ou abater animais; mas nesse caso capturo o outro na abertura do ser em geral, como um elemento do mundo onde me encontro, percebo-o no horizonte. Não olhei na sua cara, não me encontrei com o seu rosto [o rosto é um conceito na teoria de Levinas]. A tentação da negação total, que mede o infinito dessa tentativa e sua impossibilidade, é a presença do rosto. Relacionar-se com o outro cara a cara é não poder matar. E esta é também a situação do discurso (Levinas, 1991: 21).

Levinas insiste sobre algo que se costuma dizer que está na linguagem e que põe em jogo o rosto. Em castelhano, nós o encontramos em expressões tais como "encarar al otro" ["encarar o outro"], "lo encare" ["o encarei"] – isto é, me dirigi à sua cara –; "se lo enrostré" [joguei na cara dele"] – dirigi-me ao seu rosto. Por outro lado é impensável, por exemplo, uma foto de meio corpo que pegue só da cintura para baixo: o meio corpo exige a inclusão do rosto. Dirigimo-nos ao outro, pressupomos que o outro inclui todo seu corpo; não obstante, esse "todo" não é homogêneo e, quando falamos com ele ou o invocamos, apontamos para o seu rosto.

O que é o rosto? Levinas o define desse modo:

> O ente enquanto tal (e não como encarnação do ser universal) não pode encontrar-se mais do que numa relação na qual é invocado. O ente é o homem, e só como próximo o homem é acessível, só como rosto (idem: 20).

Assim, o rosto implica essa dimensão da nudez, na qual o outro se oferece a mim na sua condição mesma e me impede de matá-lo.

De minha parte, devo admitir minhas diferenças com Levinas, apesar de ter valorizado seu pensamento à medida que fui lendo e assimilando seus ensinamentos. Certamente, podemos considerar como um fato a dificuldade de matar alguém olhando na sua cara. É nesse sentido que Borges estabelece uma distinção entre escrever acerca de um duelo a revólver e um duelo a punhal, que aproxima o rosto do outro. Algo bem diferente, por sua vez, do que implica matar o outro com um tanque que se encontra a vinte quilômetros de distância – como costuma ocorrer atualmente –, ocasião na qual se ignora quem cai e não se vê o sangue que ele derrama.

Mas nem mesmo o duelo a punhal me faz acreditar que se trate ali do imediatismo de um saber sobre o outro, sobre sua condição, ao qual eu chegaria por sua nudez. Diria, em todo caso, que de um modo irremediável essa nudez me põe frente a frente com a opacidade que guarda o que o outro me subtrai. Dito de outro modo: quando olho o outro nos olhos, irremediavelmente no fantasma quero alcançar a sua profundidade. Mas seus olhos, se o olho de perto, apenas me devolvem, como um espelho, minha própria imagem. Não encontro sua transparência, mas sua opacidade. Graças a ela, ele se subtrai quando o busco como puro objeto de gozo; é ela que me detém no ato de matá-lo.

Por que a opacidade do outro me detém? Levinas responde:

> Esta inversão humana do em-si e do para-si, do cada um para si mesmo em um eu ético, na prioridade do para outro, essa substituição do para-si da obstinação ontológica por um eu que, nesse caso, é sem dúvida único, mas único por sua escolha de uma responsabilidade em relação a outro homem, irrecusável e intransferível; esta inversão radical se produz no que chamamos "encontro com o rosto do outro".

De modo que, se não persisto em uma afirmação ontológica de meu eu, no que chamaríamos um narcisismo extremo, se me situo no que Levinas assinala como uma dimensão que também é ética para o outro, é em função desse "encontro com o rosto do outro". E continua:

> Depois da composição que se dá – ou que suporta – em seu surgimento, me invoca e me ordena do fundo de sua nudez indefesa, de sua miséria e de sua mortalidade (idem: 250).

Levinas opera aqui um avanço. Essa opacidade que encontro no rosto do outro me detém, porque me interroga simultaneamente: "Você pode me matar... Não lhe diz nada da sua própria condição mortal?". Pergunta cuja mensagem é, levada ao seu extremo, "Estou indefeso, à sua mercê; você pode me matar, mas não ignora que sou seu semelhante e que ao me destruir você perde a mesma opacidade que o habita".

A aposta do autor vai assumindo um perfil cada vez mais definido. Começa falando de uma vontade assassina que, como tal, nos propõe o gozo levado ao extremo, o próprio e o do outro. Levinas postula que nesse encontro com o rosto do outro o rosto deixa de ser um puro lugar da presença e, conjugado com a audição e com a palavra, pode começar a falar. Se o faz, talvez me chegue a partir do outro algo de minha própria mensagem. E mais, se fala de seu desamparo – se me diz: "Estou indefeso, pode me matar" –, me lembra a minha própria falta de defesa. Daí que as propostas de assassinato em massa requerem imprescindivelmente o desconhecimento do outro como semelhante. Ele deve ser pensado em termos de raça inferior, degenerada, porque, ao menor vislumbre de que esse outro possa me devolver minha própria mensagem, o ato assassino se detém.

Além da escuta, assinala Levinas, conta a palavra. E aqui nos deparamos com uma formulação de Lacan. Em sua versão última, remete a um ponto chave: o da palavra que enlaça ou desenlaça o gozo.

Quais são as formas do outro quando me é apresentado como próximo, isto é, como "iminência intolerável do gozo"? Em primeiro lugar pode ser o companheiro, o amigo, o colega de trabalho, o vizinho ou o transeunte ocasional, contanto que apareça essa dimensão invocadora; nos termos de Levinas, se o encaro e ele me encara.

Seguindo o que Lacan nos ensinou – "avancemos com prudência" –, vou escrevê-lo em uma fórmula mínima. Se temos o direito de manejar os nós e matemas, devemos ser cuidadosos. Mais ainda, entendo que a vitalidade de nossa disciplina depende do acesso a paradigmas que se estendam ou se situem para além do lacaniano, sem deixar de lado em nossas formulações a prudência.

A fórmula seria a seguinte:

$$\underset{\text{outro}}{x} \longrightarrow \underset{\text{próximo}}{y}$$

e

e = espaço

Se este *x* inscreve o "outro" com minúscula, tem que se produzir uma operação para que nesse *y* venha a se situar como "próximo". Qualquer um de nossos "outros" a exige. É ela que introduz essa iminência intolerável do gozo. O gozo de quem? Aquele que o outro pode exercer em relação a mim e que eu posso exercer nesse próximo.

Volto à proposta: o outro (com minúscula), o da invocação, o que elevo à dignidade de próximo, por exemplo, quando consigo que dê ouvidos ao meu chiste, sustenta a função do Outro com maiúscula como lugar onde se joga o xadrez. É o outro que se mostra na alteridade, que sustenta sua presença com a cobertura imaginária de que necessito para que enode um gozo cujo índice pode ser o riso ou o choro. Um gozo que incita outro no emissor, devolvendo-lhe a verdade que o habita; pelo fato de fazer-lhe o dom de sua escuta é uma forma momentânea do que chamamos amor: nesse instante pontual, afirma sua existência.

Procuraremos explorar diferentes invocações que estão em nosso cotidiano, como estão nele ou, mais precisamente, como nós estamos imersos quando as vivemos, ainda que não pensemos nelas. Em nossa condição de analistas trata-se de um percurso que poderia nos ajudar, na direção da cura psicanalítica, para situar o modo através do qual esta invocação do próximo é inerente a nossa estrutura, imprescindível para levar a um melhor fim a dialética de uma análise. Uma das formas do próximo, que tanto Levinas como Lacan mencionam, me interessa especialmente porque nos concerne por essa perspectiva; ela se situa em torno do conceito de *santidade*.

Levinas o formula assim:

> [...] o em-si do ser que insiste-em-ser é ultrapassado pela gratuidade de um fora-de-si-para-outro no sacrifício ou na possibilidade do sacrifício, na perspectiva da santidade (Levinas, 1991: 10).

Na terminologia filosófica heideggeriana significa que alguém se situa na perspectiva da santidade quando, em vez de se afirmar como ser-em-si ou para-si, se situa como ser-para-o-outro. Levinas assinala que há ali algo que remete ao sacrifício. Teríamos que nos perguntar de que sacrifício se trata, porque, dito desse modo, poderíamos pensar que o caminho que nós, psicanalistas, propomos é o de Cristo.

Talvez pudéssemos encontrar um veio – mesmo que não seja exatamente o que propõe Levinas – se percorrêssemos o conceito de "santidade" tal como aparece em Lacan. Seu estabelecimento intervém e se mostra na homofonia em francês entre "*saint-homme*" e "*sinthôme*", certamente nada casual – *sinthôme*, lugar de remédio –, não se obtém de qualquer modo, algo da santidade enoda.

Na entrevista cujo texto levou o título "Televisão", explica Lacan:

> [...] um santo, durante sua vida, não impõe o respeito que às vezes lhe vale uma auréola.

> [...] Um santo, para que me compreendam, não faz caridade. Antes, presta-se a bancar o dejeto: faz descaridade[1]. Isso para realizar o que a estrutura impõe, ou seja, permitir ao sujeito, ao sujeito do Inconsciente, tomá-lo como causa de seu desejo.
> É pela abjeção dessa causa, de fato, que o sujeito em questão tem a chance de se situar, pelo menos na estrutura. Para o santo, não é divertido, mas imagino que, para alguns ouvintes nessa televisão, isso confirme um bocado de estranhezas dos feitos de santos.
> Que isso tenha efeito de gozo, quem não capta seu sentido com o que se goza? Só o santo para ficar frio, bulhufas para ele (Lacan, 1973: 28) *.

De acordo com esta perspectiva, poderíamos entender o sacrifício em termos do gozo ao qual o santo renuncia. Recordo um aforismo que se situa nesta linha e que muitas vezes sublinhamos: "O analista é aquele que suspende seu gozo para não ceder em seu desejo". E Lacan, continua: "É o mesmo que agita a muitos no fato, agita àqueles que se aproximam e não se enganam, no fato de que o santo é o resto do gozo".

Há uma dimensão da alteridade convocada como próximo que, em seu limite, se oferece sob o perfil que em Levinas se chama "santidade" e em Lacan "santo", forma última do que se esperaria de um analista.

Na perspectiva que estou propondo, quando o analista se oferece como semblante de *a*, conduz o sujeito à invocação do outro para que opere como remediação no mesmo lugar da falha; o analista se oferece como causa de um movimento que lança o analisando na remediação de sua falha. Daí o *plus* cujo efeito é o de transformar o espaço no lugar do encontro. Isso é o que chamamos o encontro com o próximo.

Por outro lado, podemos nos perguntar se o *sinthôme* só aparece na estrutura psicótica ou também está presente na neurose. Sabemos que ao propor este conceito Lacan radicaliza a questão; assim, quando fala de Joyce, afirma que este sofria efetivamente uma *Verwerfung* do Nome do Pai – na

---

1 Aqui Lacan introduz outro neologismo em francês, condensando "déchet" e "charité": "il décharite".

* Foi utilizada a tradução de *Outros escritos*, Jorge Zahar, Rio de Janeiro, 2003 (trecho nas páginas 518-519). (NT)

linha de seu próprio ensino, indicava ali uma estrutura psicótica, ainda que clinicamente não tivesse se desencadeado como tal. Tudo o que poderia nos fazer pensar que o *sinthôme* é algo que vem reparar um erro na estrutura psicótica. Não obstante, Lacan também fala de *sinthôme* quando se trata de neurose.

De minha parte, entendo que o *sinthôme* é um conceito estabelecido correlativamente ao de *père-version*. Quando avança em sua teoria, Lacan adverte que o lugar disso que se chama *Nome do Pai* não se reduz à eficácia do corte; na medida em que se sustenta do pai real, introduz também as falhas que se arrastam desde o pai, isto é, os lugares onde seu gozo não é balizado. Assim formulada, a *père-version* joga com os dois valores desse conceito: um que gira em torno do pai – há algo que do filho se dirige ao pai e que é necessário e propício – e outro que se refere ao gozo através do qual o filho se coloca numa posição masoquista em relação ao seu pai. Se tomarmos "Bate-se numa criança" (Freud, 1919) como paradigma – isto é, não como algo acidental, mas estrutural –, poderíamos dizer que o golpe do pai é estruturante para o filho, deixa suas marcas, as melhores e as piores.

Minha leitura supõe que também na estrutura neurótica há uma falha inexorável, diferente da que se encontra na psicose. Isso por sua vez me faz pensar que no neurótico, desde o começo, está colocada a possibilidade do *sinthôme*, anel que corrige a falha. Em termos topológicos, em uma estrutura neurótica o *sinthôme* permite unir um nó de quatro anéis de forma borromeana, algo que não chega a se produzir na psicose. Se Joyce está enodado, se pode ser Um, é só em função da estrutura do nó que o remedeia. A clínica das psicoses nos mostra que, quando um sujeito cai no desmoronamento psicótico, deixa de ser Um – não reconhece seu rosto, sua mão. Joyce pode dizer que é Um porque sua escrita como *sinthôme* – e eu incluiria, além disso, Norah, sua mulher – lhe permite enodar, ainda que não de uma forma borromeana. Isso implica que em certo momento podem irromper os fenômenos da psicose.

Não se trata só da mulher que sustenta o psicótico, coisa que ocorre mais de uma vez; também há homens que sustentam uma mulher psicótica; é o caso, por exemplo, de uma paranóia erotômana.

Em suma, não tomo exclusivamente a psicose como referência. Considero também as neuroses, e minha proposta em relação ao próximo não se limita tampouco ao companheiro em sua própria condição, vai além dessa relação. O moço do bar que me oferece café pode funcionar efetivamente como próximo na medida em que o invoque como tal. Também pode ocorrer que me sirva café e seja só o outro, esse outro do lado de quem passo sem me dar conta. Mas, se o convoco, ao modo do "tu és aquele que me seguirás", então pode funcionar como *sinthôme.*

Quando dizemos "invocar o outro", nos referimos ao outro real, esse que acode com os três registros e que convocamos no lugar de nossa falha, a partir de nossa falha, para que responda como remediação e reparação. Precisamente ali reside a diferença: não o convoco a partir da minha falta, mas da minha falha. Quanto ao emprego que faço do termo "reparação", uma maneira de delimitá-lo será fazer notar algumas linhas fundamentais de minha maneira de trabalhar.

Em primeiro lugar, procuro me situar no campo da cientificidade e da psicanálise, o que já supõe redefinir o conceito popperiano de cientificidade. Entendo que não cabe aceitá-lo, na medida em que nem seus próprios seguidores estão de acordo em afirmar que uma hipótese é invalidada como tal quando um fato a contradiz. A refutação requer uma multiplicidade de fatos. Assim, quando Newton propôs sua fórmula da atração universal dos grandes corpos celestes, inicialmente não pôde comprová-la, de modo que, se tivesse se guiado pela perspectiva popperiana, tudo seria derrubado. Urgia avançar com os instrumentos que pudessem ir além da refração da atmosfera; era preciso corrigir a hipótese segundo a qual os corpos celestes eram esferas perfeitas, já que têm deformações.

A psicanálise merece um lugar no campo da cientificidade, o que implica meu desentendimento com os psicanalistas que não crêem na ciência. Se há discordância com ela, em todo caso, não se trata da ciência, mas de suas aplicações. Considero um erro combater a ciência, posto que é uma forma que o ser humano encontrou para avançar até seu encontro com o real. Situado, então, na perspectiva científica, aceito a recomendação que fez Canguilhem, segundo a qual trabalhar um conceito é pô-lo à prova, confrontá-lo, contradizê-lo, juntá-lo a outros.

Em relação ao conceito de "reparação", esse tipo de abordagem me levou a formular-me a pergunta: o que é mais apropriado para nomear o lugar de onde se tentará corrigir um erro? Poderia chamá-lo "remédio", mas é um termo que se reveste de uma conotação médica demasiado importante. "Reparação", ao contrário, me recorda os kleinianos, e entre Melanie Klein e a medicina prefiro permanecer no campo da psicanálise, na companhia dessa grande psicanalista.

Estabeleceria, sim, uma diferença entre o uso que ela faz do termo e o que eu proponho. De acordo com a conceitualização kleiniana, a reparação remete ao encontro com a totalidade do corpo materno; o fim de análise kleiniano fundamenta-se na sublimação, entendida como reparação desse corpo. De minha parte, coloco-a em termos de uma reparação do nó que permite o encontro com a falta e deixa o Outro incompleto. É desse modo que pretendo trabalhá-la.

Prefiro falar, em suma, da reparação de uma falha inexorável.

Retomo agora o aforismo que tanto indignava Freud, "Amarás teu próximo como a ti mesmo", e digo: certamente o amarás, mas não por caridade, pois é parte de ti mesmo quando reparas teu nó. É pela via do outro que a alternância possível avança até o impossível, até o real do erro. Ela o faz quando consegue efetuar essa reparação, quando escreve a letra ausente. Podemos referir-nos aqui à que foi proposta por Lacan: Σ, sigma, com a qual nomeia o *sinthôme*. Nós avançamos até a função do outro quando se faz próximo. Assim, não se trata apenas da escrita de Joyce, mas também de Norah, que realiza o aforismo "*La femme c'est le sinthôme*". Uma breve citação do Talmude o expressa mais sabiamente (Levinas, 1991: 118):

> Rav Hiya bar Abba adoece e Rav Yohanan lhe faz uma visita. Pergunta-lhe:
> – Concorda com os seus sofrimentos?
> – Nem com eles, nem com as recompensas que me prometem.
> – Me dá a sua mão – diz então o visitante ao enfermo, fazendo-o levantar do seu leito.
> Mas acontece que o próprio Rav Yohanan adoece e recebe a visita de Rav Hanina. A mesma pergunta lhe é então formulada:
> – Concorda com os seus sofrimentos?
> E a mesma resposta aparece:
> – Nem com eles, nem com as recompensas que me prometem.
> – Me dá a sua mão – diz Rav Hanina, e levanta Rav Yohanan de seu leito.
> Pergunta: Rav Yohanan não podia se levantar sozinho?
> Resposta: O prisioneiro não pode se livrar sozinho de seu encarceramento.

Se aceitarmos esse percurso, "Amarás teu próximo como a ti mesmo" poderia ser interpretado da seguinte forma: "Amarás teu próximo como a ti mesmo, pelo que não é. Darás a ele teu amor, farás a oferta do que não tens". Do gozo intolerável do qual partimos, o sujeito e o próximo trespassam "o gozo que condescende ao desejo". Pela via do gozo que se perde, o gozo do próximo poderia encontrar-se com o desejo.

3.
Do espaço ao encontro

Ao abordar a questão do próximo decidi me situar na perspectiva da prudência. Já faz tempo que me proponho avançar nesse terreno onde a psicanálise está em dívida, o da lógica das estruturas coletivas. E, se é tentador fazê-lo chegando rapidamente a fórmulas conclusivas, sabemos que não é um ganho sustentável o que elas garantem. Vamos então lentamente. Retomemos esta relação do *Eu* e do *Tu*.

Já operamos um movimento significativo quando questionamos a idéia de um desejo que o sujeito constituiria em um desprendimento absoluto do outro e propusemos, ao contrário, como condição de sua emergência, precisamente essa relação com o outro. O importante é não deixar desconhecida a dimensão que excede o "*Eu*" e o "*Tu*". Vou situá-la de modo delimitado, em termos do espaço onde se produz essa transformação que supõe o encontro e que implica a ordem simbólica – e, com ele, a estrutura coletiva. Eu a nomeio em termos de espaço, porque conto trabalhá-la com a escrita dos nós, considerando-a como o lugar onde se produz a imersão do nó.

Essa forma de indagação e exposição implica avançar do modo como fazem os físicos com uma descoberta recente. Consideremos, por exemplo, a "*constante h*" de Planck; tomando-a como ponto de partida, os cientistas notam que todas as fórmulas dão uma diferença, mas não sabem por quê. Por acaso deixam de investigar por causa disso? Não, porque talvez descobrir essa "*constante h*" leve tempo; de modo que a anotam como tal para levá-la em conta e avançam no que estavam trabalhando. Nisso que designo como espaço, lugar da imersão da fórmula que vou propor, situa-se a lógica ampliada do coletivo, ainda não trabalhada, que tem neste momento o valor dessa "*constante h*" de Planck.

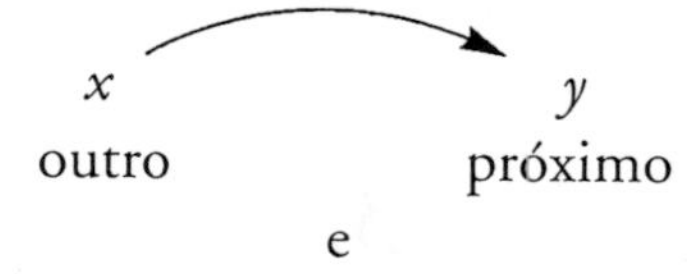

e = espaço

Dizíamos que o próximo "é a presença do outro como ameaça intolerável do gozo, quando o espaço real se oferece à imersão do nó (do outro)". Convém não esquecer que pensamos o outro como um nó constituído pelos três registros.

Um quadro de Picasso, "As senhoritas de Avignon", que introduz uma mudança na arte deste século, ilustra o que acabamos de expor. As senhoritas, prostitutas de um bordel, aparecem instaladas em um espaço quebrado. Não se trata só do que acontece com essas figuras femininas, mas, além disso, do modo específico como é tratado o fundo da tela, o espaço em que se exibem. Há uma dialética entre o nó e o espaço onde faz a sua imersão – e que a partir desse momento deixa de ser homogêneo. Outra formulação, mais definidora ainda, seria: uma vez introduzido o gozo no espaço, este se quebra em diferenças de valor. E, quando digo "valor", recordemos que Lacan situa o objeto *a* como "mais-de-gozar", em clara alusão ao conceito marxista de mais-valia.

Vamos reexaminar outro lugar, não habitual na paróquia lacaniana, que nos permitirá ter presente essa eficácia do espaço. O ponto de partida será algo que, no momento, propicia uma abordagem de tipo fenomênico – seu autor diria "fenomenológico" –; sua virtude reside, justamente, em pôr em jogo em sua mínima expressão a eficácia desse espaço onde se produzem a imersão do encontro e o desencontro com o outro.

Tive acesso a sua formulação – e espero que vocês também o façam – da mão de um autor reconhecido, Gaston Bachelard. Trabalhei com referências e observações extraídas de seu texto *Poética do espaço* (Bachelard, 1965), que já é um clássico.

Desde o título, Bachelard anuncia que no seu entendimento nossa relação com o espaço não é natural, não se reduz à ordem da necessidade. Por isso é o texto poético que está em melhores condições de relatar esse encontro do ser com o espaço no qual transita ou habita, tal como lhe é oferecido de diversas formas.

Vou reexaminar algumas passagens para precisar qual é a sua perspectiva. Bachelard cita Philippe Diolé, autor de *O mais belo deserto do mundo*, que narra, nessa obra, segundo as regras da ficção, suas experiências pessoais referentes ao deserto, de modo similar ao que havia feito anteriormente em outro livro dedicado às peripécias vividas na profundidade do mar (idem: 260).

Bachelard se pergunta: "Mas então, por que Diolé, esse psicólogo, esse ontologista da vida humana submarina, vai para o Deserto? Por que dialética cruel quer passar da água ilimitada às areias infinitas?". Perguntas às quais Diolé responde como poeta. Sabe que toda nova cosmicidade transforma nosso ser exterior e que um novo cosmos, qualquer que seja, se abre quando um dos laços da sensibilidade já estabelecida se solta.

Esta referência a enlaces e desenlaces, laços que são cortados, se renovam e se enodam de outro modo, nós a encontramos nas primeiras páginas do livro de Diolé, nas quais ele confessa que quis "terminar no deserto a operação mágica que, na água profunda, permite ao mergulhador desatar os laços habituais do tempo e do espaço e fazer a vida coincidir com um obscuro poema interior" (idem: 12). Para concluir sustenta: "Descer na água ou errar no deserto é trocar de espaço". Nessa mudança, que supõe abandonar o âmbito das sensibilidades usuais, entra em comunicação com um espaço psiquicamente inovador. Afirma Diolé: "Nem no deserto, nem no fundo do mar se pode sustentar uma alma pequena, circunspecta e indivisível". Trata-se de uma mudança que já não resulta de uma simples operação do espírito, como seria a consciência do relativismo das geometrias. "Não se muda de lugar, muda-se de natureza", determina o autor (idem: 261-262).

Diolé está aludindo a uma dialética entre este encontro do sujeito com o outro e sua imersão no espaço. Conforme aqueles que estabeleçam essa imersão, será definida a estrutura do espaço, mas, por sua vez, conforme o espaço onde se produza a imersão, a natureza de quem a sofre será modificada. Dito de outro modo, nós, neuróticos, raramente mudamos nossos caminhos, nem sequer para ir de casa para o trabalho. Quando nos animamos, não chegamos a impedir – e por isso tratamos de fazê-lo bem – que algo nos aconteça.

Proponho-lhes um exercício que podem fazer acompanhados. Procurem descobrir "uma" cidade de Buenos Aires; vão com alguém que tenha para vocês valor de próximo – seu companheiro, um amigo – para algum lugar até agora nunca visitado; talvez descubram que no labirinto de suas ruas lhes aguarda o gosto de uma surpresa.

Retomemos o texto de Bachelard, no qual ele se ocupa de um dos espaços considerados: o casebre. Indica ali: "O casebre, no episódio de Bachelin, aparece sem dúvida como a raiz central da função de habitar" – alguma vez pensaram por que os adolescentes, incluindo esse que fomos, gostam tanto de dormir na barraca? Bachelard explica a propósito desse espaço:

> É a planta humana mais simples, a que não necessita de ramificações para poder subsistir. É tão simples que já não pertence às lembranças, às vezes muito cheias de imagens. Pertence às lendas. É um centro de lendas. Diante de uma luz remota perdida na noite, quem não sonhou, entrando ainda mais nas lendas, com a cabana do ermitão? (idem: 67).

Dimensão do casebre que concerne à primeira possibilidade de habitar. Sem dúvida, vocês poderiam objetar que nela não aparece explicitada a questão da relação com o outro, que admitiria perfeitamente reduzir-se à perspectiva do que se passa com um sujeito em um lugar. Mas esse lugar não é natural, implica não só uma referência ao outro, mas também a uma estrutura coletiva: não há subúrbio sem centro.

Prossegue Bachelard:

> Indicávamos [...] que as expressões "ler uma casa", "ler uma habitação" têm um sentido, posto que habitação e casa são esquemas psicológicos que guiam os escritores e os poetas na análise da intimidade. Vamos ler lentamente algumas casas e algumas habitações "escritas" por grandes escritores (idem: 74).

Nessa perspectiva, ocupa-se em seguida da oposição frio/calor, remetendo a Baudelaire:

> E temos calor porque fora faz frio. Na continuidade desse "paraíso artificial" submerso no inverno, Baudelaire diz que o sonhador pede um inverno duro. Ele pede anualmente ao céu tanta neve, granizos e geadas quanto possa ter. Necessita de um inverno canadense, um inverno russo... com isso seu ninho será mais cálido, mais doce, mais amado.

Como Edgard Allan Poe, grande sonhador de cortinas, Baudelaire também pede, para cobrir a casa rodeada pelo inverno, "pesadas cortinas onduladas até o piso". Assim, "por trás das cortinas sombrias parece que a neve é mais branca. Tudo se move quando se acumulam as contradições" (idem: 75).

A esse respeito, alguém poderia se perguntar quem prefere as casas antigas para viver. Alguns me diriam que as preferem; outros dirão que os encantam as casas tipo americanas. Indubitavelmente, há ali uma referência diferente ao tempo. Uma casa antiga nos convida a nos deslocarmos no tempo que outros transitaram, no espaço da antecedência. Por outro lado, aqueles que preferem o corte com o passado escolhem esse lugar que não tem – ou parece não ter – suas marcas.

O poeta Pierre Seghers (idem: 97) escreve:

> Uma casa onde vou sozinho chamando
> Um nome que o silêncio e os muros me devolvem
> Uma estranha casa que se sustenta em minha voz
> E habitada pelo vento.
> Eu a invento, minhas mãos desenham nuvens
> Um barco de grande céu em cima dos bosques
> Uma bruma que se dissipa e desaparece
> Como no jogo das imagens*.

---

* Una casa donde voy solo llamando / Un nombre que el silencio y los muros me devuelven / Una extraña casa que se sostiene en mi voz / Y habitada por el viento. / Yo la invento, mis manos dibujan nubes / Un barco de gran cielo encima de los bosques / Una bruma que se disipa e desaparece / Como en el juego de las imágenes.

O poeta estabelece uma relação entre a ressonância de sua voz e a casa – "Uma estranha casa que se sustenta em minha voz". Assim, é a ressonância de sua voz nessa casa que a desdobra desse modo e não de outro.

Outro exemplo analisado por Bachelard (idem: 105) refere-se às janelas da casa, abertas para as montanhas. Trata-se do texto de um poeta que diz:

> O corpo da montanha vacila em minha janela:
> Como poder entrar se se é a montanha,
> Se somos na altura, com rochas, pedrinhas,
> Um pedaço da Terra, sedento de céu *?

A casa nos recorda uma das três dimensões do humano mencionadas por Todorov, tripartição clássica no pensamento ocidental. A partir dessa perspectiva, são três as grandes referências do ser humano: a especificidade que o constitui como tal – a palavra –; sua condição de ser vivo e, por último, aquela que às vezes percebemos com Freud quando remete à pulsão de morte e ao retorno à pedra, isto é, a que concerne à nossa pertença à ordem cósmica. Certas casas nos convidam mais do que outras a reconhecer-nos nessa dimensão que emerge também quando, habitantes da cidade, temos a necessidade de ir para o campo. Na imponência de uma montanha ou no vôo de um pássaro espreitamos nossa imersão na ordem cósmica. Sentimos então certo alívio: acentuada a pertença a essa ordem, relativiza-se a urgência das demandas do outro.

Incluo um último exemplo, o que Bachelard chama "recanto das lembranças". Se cada um de vocês buscasse em sua memória, encontraria aquele lugar que na casa da infância o convidava especialmente a brincar ou esse lugar preferido, já na idade adulta, que pode ser o escolhido para o encontro com o outro. Assim, a casa não é homogênea: deparamo-nos novamente com o espaço quebrado.

Outra das oposições que Bachelard faz intervir situa-se entre o bosque e o campo; o bosque torna presente um tempo anterior, no qual a vida nos antecede.

---

* El cuerpo de la montaña vacila en mi ventana: / ¿Cómo poder entrar si se es la montaña, / Si somos en altura, con rocas, pedrezuelas, / Un trozo de la Tierra, sediento de cielo?

Quanto ao pequeno e ao grande, Bachelard nos remete ao poeta Noël Bureau (idem: 220):

> Deitava-se atrás dos fiapos de erva
> para engrandecer o céu *.

Nesses versos, é a intempérie que nos abre a imensidão do céu.

Recordo também uma frase de Monsenhor D'Andrea, por ocasião de uma pergunta que alguém lhe fazia:

> – Monsenhor, em sua visita a Jerusalém o senhor observou como a cidade é suja?
> – Não – respondeu D'Andrea –, porque quando passeio por Jerusalém sempre me sinto convidado a olhar para cima.

É claro, tratava-se de Jerusalém, e quem falava era um sacerdote.

Como nós poderíamos estabelecer a dimensão da casa? Para pensá-la recorro a nosso mais célebre poeta, Borges, e a um de seus ensinamentos:

> A casa que habitamos costuma ter espaços divididos: o lugar da palavra; o do sonho, que é também do sexo e do amor; o lugar da comunhão e dos rituais.

Convém levar em conta que se falo de "comunhão" não estou propondo nenhuma ilusão de um gozo compartilhado; o gozo de cada um continua sendo de cada um. A comunhão nos fala de um gozo coincidente. No fantasma que o anima, retorna o traço singular.

---

* Se acostaba tras la brizna de hierba / para agrandar el cielo.

4.
A invocação do outro

Recordo nossa proposta: "*O próximo advém quando invoco o outro*". É na medida em que há invocação que o outro advém à dimensão de próximo. Isso é bom ou mau? Na realidade, nada o assegura, pode levar ao melhor ou ao pior. Em princípio, a definição de Lacan não é tranqüilizadora: "O próximo é a iminência intolerável do gozo" (Lacan, 1969).

Precisamente por isso é muito importante que nossa escuta, como analistas, permaneça sensível aos diferentes modos segundo os quais o *parlêtre* se faz sujeito da invocação. Quando digo "sujeito da invocação" coloco em jogo o genitivo objetivo e o subjetivo. Interessa-me sublinhar a condição necessária, para cada um de nós, da diversidade e da especificidade das invocações. Eu me animo a apostar, com um amigo de Kafka, que não há quem possa se sustentar sem esses fios que nos enodam e nos sustentam acima do abismo. Todos, e cada um de nós, temos um amigo ou uma amiga a quem nos é preciso invocar ou por quem nos fazemos invocar – e não como algo subsidiário. Aposta e afirmações situáveis na linha de certa ironia de Lacan, quando nos últimos seminários questiona o complexo de Édipo, algo que não equivale a prescindir de sua lógica, pois "sem ela a psicanálise não teria nenhum sentido". O que ele questiona é sua redução dramática sob a forma do conto do menininho ou da menininha com o papai e a mamãe. Essa lógica se desenvolve no encontro com o outro, seus personagens são múltiplos, e implica a possibilidade ou a impossibilidade de direcionar o gozo, dentro ou fora do laço social.

Vamos empreender agora um breve percurso, valendo-nos do dicionário, pelo significado do termo "invocação".

No dicionário etimológico de Bloch e Wartburg, de que Lacan tanto gostava, só é mencionado o verbo "invocar" ("*invoquer*", em francês). Recentemente se registra "invocação" no século XII; é derivado do latim "*invocare / invocatio*" e seu uso é estabelecido em 1200.

No *Petit Robert* registra-se "invocação": ação de invocar. Também se inclui a referência ao latim "*invocatio*". Define-se *invocação* como o resultado da ação de invocar e menciona-se, em primeiro lugar, a invocação à divindade e aos santos. Acerca do termo "invocar" precisa-se e enumera-se: do latim *invocare*. Chamar em ajuda ou oração. Também é usado como sinônimo de *conjurar* ou *rezar*. Invocar Deus, as musas. Invocar uma imagem de santo em uma hora de perigo, invocar auxílio, a clemência de um rei, pedir ajuda. Invocar uma lei, o testemunho de um amigo. Pode-se invocar alguém como uma autoridade superior: por exemplo, "Freud disse...". Invocar um precedente. Argumentos invocados em apoio a uma tese.

Na maioria das vezes, as referências à invocação em Lacan se reportam ao grande Outro – e aqui também estou propondo um deslizamento. Entre elas encontramos a citação de uma frase de Camus: uma missa solene colocada sob a invocação de Saint Roch, sob seu patronato ou sua proteção. A invocação das musas é outro exemplo.

Não obstante, a acepção que eu prefiro é uma mais próxima de nós; nós a encontramos no Espasa-Calpe da língua castelhana. Diz-se ali: "Invocar: chamar um outro em seu favor ou auxílio". Esta é a definição que escolho.

Como podemos situar a abordagem dessa invocação que adiantamos como guia, como eixo do percurso que nos propomos fazer? Ocorreu-me começar por um lugar muito freudiano, algo que nos acontece todos os dias se as coisas andam bem: a invocação do riso do outro. Em geral, salvo em raras circunstâncias, rimos com outros. Posso dizê-lo ao contrário, enfatizando-o para nos aproximarmos de nossa temática: precisamos do outro para rir. Tanto é assim que certos programas de massa, de duvidoso nível cultural, oferecem risadas gravadas para que, se alguém estiver só diante da televisão, se sinta tranqüilo na demonstração de seu riso, já que existem outros que o acompanham em seu entusiasmo.

Vou ocupar-me, então, do riso. Será simples, para qualquer um de vocês que tenha percorrido o texto freudiano, notar onde iremos parar rapidamente. Mas não vou começar por Freud, mas por uma referência que o precede e que Lacan também menciona com certa extensão em seu seminário *As formações do inconsciente*. Trata-se de um texto clássico de Henri Bergson que tem como título *O riso* (Bergson, 1991).

Algumas breves pontuações a respeito. Bergson se pergunta desde o começo o que significa o riso. Primeira questão: o riso, como a religião, como tantas outras práticas – por exemplo, a moda ou ainda o futebol –, é exclusivamente humano. O único ser vivo que ri é o humano; às vezes podemos, em um exercício de projeção, considerar que o cachorrinho ri, mas não é assim. Mexe o rabo, mas não ri.

Bergson se pergunta o que há no fundo do risível, o que pode haver de comum entre os gestos de um palhaço, os jogos de palavras de um *vaudeville* e a primorosa cena de uma comédia (idem: 11). Assim, pelo caminho do riso Bergson chega ao terreno do cômico, que seria, na sua perspectiva, a causa daquele. Lacan toma essa referência para criticá-la, e não sem fundamento. Efetivamente, a quem não aconteceu, em alguma ocasião, rir durante uma crise de angústia, em um momento de desespero ou, como dizia George Bataille, às vezes com o visível riso do idiota, em situações que nos deixam sem palavras. O riso pode ser a última resposta diante da ausência de qualquer resposta.

Trata-se, é claro, de casos extremos. Poderíamos ser mais tolerantes com Bergson e admitir que em geral o riso está relacionado com o amplo campo do cômico, eminentemente humano. Jamais se viu uma rã rindo porque a outra tropeçou, só o ser humano é capaz de sentimentos tão nobres. Aconteceu que, diante do tropeço de alguém, sem nenhum espírito de maldade, nos é impossível conter o riso, ainda que a vergonha sobrevenha imediatamente a esse gesto. Como veremos, nem o irresistível do riso, nem a vergonha que nos provoca são casuais.

É de Bergson que Lacan toma uma frase que vai relacionar com as subdivisões do cômico. Para nós, analistas, são pelo menos três as subespécies que o integram: o cômico propriamente dito, o humor e o chiste. Bergson afirma: "Para poder valorizar, viver e gozar de um chiste é preciso pertencer à paróquia". Algo deve ser compartilhado para que o chiste, ou mesmo o cômico, alcance seu efeito. Já se vislumbra porque decido avançar por este lado. Também Freud o diz: "Em contraposição ao sonho, o chiste é o mais social dos produtos de nosso inconsciente". No outro extremo, o sonho poderia ser considerado com o mais anti-social, na medida em que, quase sem exceção, transcorre na intimidade de cada sujeito – e ali onde transcorre esgota a sua existência[1]. Ao contrário, um chiste só termina de se realizar com o riso do outro que o escuta.

Em sua interrogação acerca do cômico, Bergson prefere não especular, mas, antes, avançar através de exemplos – e nisso se parece um pouco com Freud. É importante ver qual é o que ele situa primeiro:

> Um homem que vai correndo pela rua, tropeça e cai; os transeuntes riem [...] Riem porque se sentou no chão contra a sua vontade [...] o que há de involuntário nessa mudança é a sua falta de jeito (idem: 16).

Bergson interpreta esse exemplo argumentando que se trata de uma falta de jeito devida à falta de agilidade, à distração, à obstinação do corpo ou a um efeito de rigidez ou velocidade adquirida; aí está por que o homem caiu e por que os transeuntes riem.

Nosso malvado mestre, por sua vez, não deixa de zombar um pouquinho de Bergson, porque o exemplo está bem situado no campo do cômico; encontramos ali seu protótipo: o *clown*, o palhaço que cai. Mas Lacan pergunta: essa é uma explicação do cômico? Nós, que tentamos ser um pouco mais amáveis, admitimos que Bergson esteja dizendo algo, ainda que seja insuficiente e até ridículo como explicação.

Bergson é um grande pensador; apresenta-nos esse exemplo a título de protótipo que poderia ser projetado nas distintas contingências derivadas da vida social, do encontro com o outro. Seria o caso, por exemplo, de alguém cuja conduta tivesse uma rigidez que, em sua condição de médico, funcionasse como tal em ocasiões nas quais não fosse convocado como profissional. Poderia ser um psicanalista que vai a uma festa; todos os amigos

1 Mais feliz seria dizer que a mensagem cifrada de seu sonho só chega ao sonhador pela interpretação do outro.

estão reunidos, falando, e, quando todos conversam animadamente, ele diz: "Mmm...". O que é essa rigidez? O que está nos dizendo?

Da mesma forma Bergson cita os vícios, considerando-os outro bom exemplo para provocar o riso:

> Mas o vício que nos converte em personagens cômicos é aquele que nos vem de fora, como um marco já feito ao qual temos de nos ajustar, aquele que nos impõe sua rigidez em lugar de se moldar à nossa flexibilidade. Não somos nós que o complicamos, mas ele, ao contrário, que nos reduz (idem: 20).

Trata-se de algo em que ficamos aprisionados e que produz o riso quando é descoberto. O que poderá ser isso que causa riso ao ser descoberto?

Esses desenvolvimentos servem a Lacan para assinalar que o cômico da comédia se produz porque põe em evidência a fixação a um objeto metonímico. Nós diríamos: a fixação a um gozo. *O avarento* de Molière é um exemplo. O sujeito fica fixado na valorização de si mesmo através da relação com um objeto – dever-se-ia acrescentar, de gozo. Trata-se de uma rigidez que concerne à posição do sujeito, não à rigidez de seu corpo. A queda do corpo é o contraponto de uma posição ereta. Algo que não compromete só o corpo, na medida em que reenvia a uma posição do sujeito diante do outro.

Bergson sustenta: "As atitudes, gestos e movimentos do corpo humano são visíveis na medida exata em que esse corpo nos faz pensar em um simples mecanismo". Em *Tempos modernos*, Charles Chaplin representa um trabalhador da linha de montagem de uma fábrica de automóveis que repete mecanicamente um movimento: o que é cômico aí? Bergson diria que o efeito cômico resulta do isolamento de um movimento que teria que fazer parte de um conjunto, isolamento pelo qual aparece como mecânico ali onde deveria possuir a flexibilidade da vida.

Nós acreditamos que nesses casos, no de Chaplin *ex professo*, faz-se cair um véu e fica em evidência certa posição que, incluída em seu contexto, passaria como uma forma do laço social. No caso do operário é menos evidente; torna-se mais notório quando se trata de uma excelência que a sociedade consagra; por exemplo, um juiz que tivesse em sua própria casa, com os seus íntimos, o mesmo ar doutoral que no tribunal: essa solenidade rapidamente seria insignificante. Bergson acrescenta: "Os gestos de um orador, que, em si, não são ridículos, causam riso por sua repetição". Trata-se de uma experiência bastante comum: vamos aproximando-nos de uma reunião de amigos, de gente que queremos; vemos que estão dançando, mas não escutamos a música; por um instante nos assalta o espírito de bondade que nos caracteriza e observamos com atenção a cena. O que vemos é ridículo para nós. Certamente que preferimos não nos ver em circunstâncias iguais; nesse caso, se estamos de bom humor, poderíamos rir de nós mesmos, de nosso ridículo movimento.

De tudo isso, Bergson conclui: será cômico todo incidente que atraia nossa atenção para a parte física de uma pessoa, quando nos ocupávamos de seu aspecto moral. Conclusão que nos parece não estar à altura do que valorizamos nesse autor, como o ter dado dignidade de objeto a um tema aparentemente menor – em meio ao riso não se firmam contratos nem escrituras. O próprio Bergson se dá conta da insuficiência da resposta formulada, quando perto do final do texto fala da vaidade como uma das formas em que pode se fazer presente o ridículo.

Arrisquemos uma alternativa: o cômico da queda do *clown*, do que tropeça – o cômico da comédia –, vincula-se à queda da excelência fálica. Queda que, seguindo-se Freud, produz um alívio porque não só nos liberta da imposição da excelência do outro, mas, também, do esforço de sustentar a nossa, na medida em que o outro representa a dimensão do semelhante. Recordemos o quanto gostamos de chegar em casa e calçar os chinelos, isto é, desfazermo-nos simbolicamente, através desse gesto, da cobertura fálica que a cena do laço social nos demanda.

Outra proposta que podemos resgatar de Bergson, ainda que seja questionável quando ele a universaliza, é a da possibilidade de reconhecer o valor social do riso, inclusive o da comédia, enquanto serve para expor diante de cada um de nós o que pode ter de ridículo ficar fixado nessa prestância ou nessa especificidade da fixação a um gozo. Quando se tira o véu e emerge a ostentação fálica, surge a vergonha, às vezes como vergonha alheia, a vergonha por aquilo que registro no campo do outro.

Até agora consideramos o cômico propriamente dito segundo a classificação freudiana, ainda que não seja o subgrupo que mais nos interessa. O cômico supõe uma relação dual, vigente entre quem registra o risível e o objeto do risível. Sua especificidade se inscreve no registro imaginário, mesmo que, estando enlaçado ao simbólico e ao real, implique um gozo e o laço social seja seu cenário.

O humor é outra formação do cômico em sentido amplo. Menciono-a, ainda que tampouco proponha me deter nela. Perto do final do texto *O chiste e sua relação com o inconsciente*, Freud a qualifica de "sublime" entre as formas que se incluem no leque do cômico. Cita ali um exemplo extremo de bom humor. Trata-se do condenado à morte levado ao cadafalso, que, quando está a caminho do lugar de sua execução, declara: "Pensar que hoje é segunda-feira, bela maneira de começar a semana".

Por que Freud considera que o humor é o mais sublime que habita o sujeito? Porque o humor constitui um modo de resposta frente ao desígnio disso que com nossos matemas situamos em termos de Outro, encarnado no destino, em Deus, na sentença dos homens, nos vários imprevistos da vida. Diante do Real que o golpeia, o sujeito fura o momento em que ficaria siderado por sua irrupção, dizendo: nem mesmo nesse momento admito desconhecer-me como sujeito. Em sua versão nacional, é Sarmiento escrevendo na cordilheira dos Andes: "Não se matam as idéias", isto é, mesmo que me persigam, me exilem, que viva na pobreza, fora do círculo de amigos, ainda assim posso sustentar o traço que me representa.

Concluímos muito rapidamente, injustamente, o humor e o cômico, porque prefiro tratar especificamente do chiste, uma produção que requer absolutamente não só alguém que o conte ou o faça (sabemos que um e outro não têm por que concordar: quem o conta pode não tê-lo inventado, de fato na maioria das vezes não se sabe quem o inventou, o chiste simplesmente circula), mas, além disso, alguém que seja seu alvo (orientação do chiste que aponta para o equivalente da segunda pessoa do cômico; é alguém sobre quem recai a zombaria, ou a sedução, se o chiste implica um levantamento dos véus em relação ao sexo) e uma terceira pessoa, que vamos denominar em alemão "*dritten Person*": aquela a quem se conta o chiste, a que o sanciona no momento em que ri, ato imprescindível para que o chiste se efetue, para que exista como tal.

Já estamos em cheio em nosso tema. Se lhes digo que tenho um chiste perfeito para lhes contar, me coloco em uma invocação, invoco a escuta de vocês. Demanda dirigida ao outro, invocação do outro, elevo-o por um instante à dimensão do próximo para que sancione isso que eu sozinho não posso sancionar. É inviável que alguém conte um chiste a si mesmo; podemos chegar a fazê-lo, mas imaginando o encontro com outros; em geral, não nos ocorre contar chistes a nós mesmos, precisamos que o outro consinta na nossa invocação.

O que é um chiste? Alguma vez se perguntaram por que os chistes circulam tão rápido pela cidade? Nós que gostamos de contar chistes sabemos que temos que nos aprimorar, porque do contrário o outro vai nos contar o chiste que já sabemos. Se o chiste circula tão rápido pela pólis é porque há necessidade de contá-lo e de escutá-lo. Não obstante, não há obrigação quanto ao primeiro e somente certas regras de cortesia impõem o segundo. Poderíamos então nos perguntar também: o chiste é necessário? Poderíamos viver sem ele?

Durante muito tempo houve personagens que me eram antipáticos; perguntava-me por que razão nem Moisés, nem Cristo, nem Maomé tinham contado um chiste. Ocorreu-me uma resposta: talvez porque não tivessem amigos a quem contá-los. Para que haja chiste, tem que haver próximo, e, se Cristo dizia "Amarás teu próximo como a ti mesmo", ele não se colocava precisamente nesse lugar.

Quanto a Freud, a tese segundo a qual o chiste é um produto do Inconsciente está anunciada desde o título de seu livro. Freud se pergunta o que determina que um chiste seja um chiste. Para responder, utiliza o método da redução: o que acontece se conto o mesmo chiste com outras palavras? Sobrevive ou não como chiste? Há exemplos que todos nós conhecemos, só considero os mais difundidos para que possamos avançar juntos na reflexão acerca de sua estrutura. Um deles é o do *familionário*, que Freud toma de Heine (Freud, 1905: 134). O poeta coloca na boca de seu personagem, Hirsch Hyacinth, um vendedor de loteria que também trabalha como pedicuro, o relato do que lhe acontecera por ocasião da visita ao barão Rothschild, símbolo do milionário na paróquia judaica. A frase conhecida – eu a reproduzo como Lacan a cita – é: "Tão certo como Deus deve velar por meu bem, Salomón Rothschild me tratou completamente *familionariamente*".

Por que, nesse contexto, a frase não nos produz riso? Pode ser que o chiste seja ruim, mas, além disso, não rimos porque estamos pensando a estrutura do chiste e para que o riso se produza é preciso, diz Freud, distrair a reflexão consciente. Com o que indica algo que nos é horroroso, como tudo o que vem do Inconsciente, e que convida a pensar nossa estrutura. Horroroso porque uma vez mais nos damos conta de algo que não sabemos: quando rimos graças a um chiste, não sabemos do que rimos. O mesmo ocorre no outro extremo: quando choramos por uma perda, também não sabemos o que é que perdemos com ela. O horror do Inconsciente nos coloca diante de uma posição radical de não saber. Requer um amplo esforço descobrir do que rimos quando um chiste nos provoca riso; algo em nós o percebe quase instantaneamente, daí o efeito imediato do bom chiste.

Qual é, então, a graça de *familionário*? Está implícita nele, assinala Freud, uma zombaria ao milionário Rothschild, "que me tratou de um modo tão *completamente* familiar como é possível a um milionário". Se assim dito não nos faz rir, esse termo que emerge, *familionário*, é o substituto metafórico de algo que fica recalcado; é um típico chiste tendencioso; para Freud é um chiste hostil. Provoca riso porque vela essa tendência que, de outro modo, poderia produzir uma objeção no ouvinte.

Temos então a primeira pessoa que conta o chiste, Hirsch Hyacinth, o narrador; a segunda pessoa que é objeto do risível, Salomón Rothschild, e a terceira pessoa, a quem se dirige o chiste, o ouvinte – ou nós, enquanto leitores do chiste. Freud não deixa de assinalar que Heinrich Heine é o autor dessa história posta na boca de Hirsch Hyacinth, cujos nomes e sobrenomes também começam com "H", e denuncia nesse traço que se repete o quanto o relato lhe concerne. Dados da biografia do poeta permitem saber que, na sua juventude, ele também se dirigiu a um tio rico da família para pedir a mão de sua filha e foi expulso por não contar com o dinheiro nem com a linhagem que esse parente exigia para o genro, incidente que não deixou de contribuir com sua cota de desprezo e humilhação. Sua vingança aparece através do personagem em quem Heine projeta, como uma resposta, sua própria tendência hostil. Esta é a interpretação que Freud avança e que Lacan retoma. Vocês conhecem o esquema (Lacan, 1957-1958).

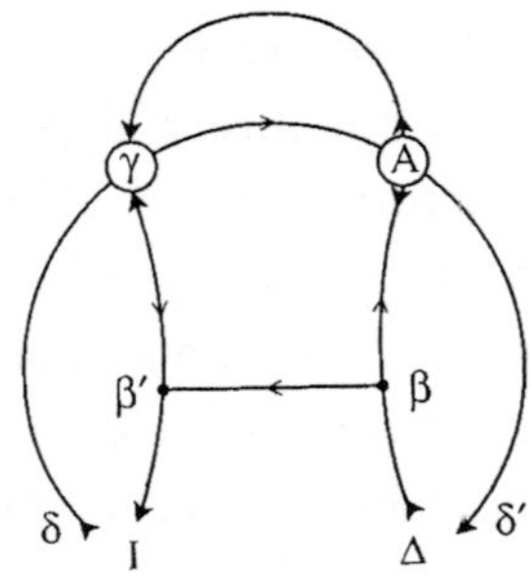

Uma linha curva que parte de Δ até o I do ideal, é a linha da tendência. Outra linha que vai de δ a δ' é a cadeia do significante. Cruzam-se em dois pontos: um é o lugar do código, ali pomos o A do grande Outro, e outro o da mensagem, indicado com a letra γ. A linha da tendência assinala aquilo que no *parlêtre* poderia começar como instinto, mas que vai se converter em pulsão pelo encontro com o campo do Outro; não culminará na satisfação da necessidade, mas na criação de um traço, base do Ideal. O traçado da cadeia significante, que se estende desde antes do sujeito e vai para além dele, indica que é transindividual desde seu início e que faz curto-circuito com outros dois pontos, situáveis em um trajeto que vai ao contrário do anterior; nesse momento de seu ensino Lacan os chamará β e β', situando em β o "Eu" do discurso, do enunciado, e em β' o que designa, naquele momento, como objeto metonímico.

Qual é o valor de trabalhar esse grafo quando temos os outros mais desenvolvidos? Mais de uma vez manifestei que gosto e que me é muito útil questionar os lugares de gestação dos conceitos, porque me permite apreender com maior rapidez qual é a problemática que se tentou responder. A simplicidade das duas linhas que se cortam permite apreciar que, para Lacan, o problema central reside em que o ser humano é um ser vivo em seu encontro com a palavra. Tal é o motivo que induz sua especificidade entre os seres vivos, a razão última pela qual só o humano ri, só para o humano se abre a amplitude do campo do cômico, do humor e ainda do chiste.

Lacan dirá que, segundo este grafo, o chiste começa no lugar que lhe cabe, isto é, o do Outro, o do código. Assim, voltando ao exemplo, começa com uma ironia, onde se evidencia que o Outro não cumpre sua função. Quem o afirma? Um pobre e desgraçado vendedor de loteria em tempos de miséria. Diz: "Tão certo como Deus deve velar pelo meu bem, Salomón Rothschild me tratou muito *familionariamente*"; depois da ironia com os cuidados de Deus, o significante metafórico substitui aquilo que não emerge; em seu lugar aparece um neologismo, uma condensação, um jogo de palavras entre "familiar" e "milionário". No trajeto desse circuito que supõe a produção do chiste há um curto-circuito em β', no objeto metonímico que o sujeito despreza, mas onde também se aliena – não esqueçamos que Heine foi pedir a mão da filha do milionário e se viu rejeitado. Milionário que, por outro lado, está nos indicando qual é o objeto de fixação num gozo que guia sua estrutura. Um milionário que se infiltra na frase e oculta o que verdadeiramente dói para o sujeito. Diz Lacan que, ricocheteando no Inconsciente, entre o lugar do código e o da mensagem, está a palavra recalcada: "familiar". É o familiar que dói a Heinrich Heine, o lugar de onde foi excluído, isto é, não foi reconhecido como valioso para fazer parte da intimidade dessa família.

Podemos nos perguntar se se trata somente de um chiste hostil, produto da inveja que se tem do milionário, ou se há nele algo mais. Situemo-nos na dimensão de Heine. Imaginemo-lo indo a essas festas do tio rico, como o descreve uma senhora que o conheceu em sua juventude, um pobre jovem dedicado a essa coisa estranha, a poesia. Um Heine que pretendia, em nome do amor, que lhe fosse dada como mulher a filha desse tio; avança em sua demanda e é rejeitado. Trata-se de algo que toca a existência do sujeito, na medida em que esta não é idêntica à sua vida nem à sua morte biológica, mas depende do reconhecimento, nesse caso, de ser digno desse enlace, considerando esse mesmo termo, "enlace", segundo todas as conotações que adquire em nossa sociedade.

Trata-se de um enlace no qual ele não é aceito. Chamamos a atenção para a importância que pode ter para Heine que nós riamos com este chiste. A que nos está invocando quando nos diz: "Quero contar-lhes um chiste"? O chiste permite invocar o outro e obter sua aceitação ali onde existe o risco de que sua posição crítica, ou talvez a insignificância de seus interesses o afastem de nossa demanda. Chamamos a atenção para a magnitude do que se coloca nessa invocação que se presume inocente ou incidental. Apesar disso, continuaremos contando chistes protegidos pelo véu do esquecimento, mas, se paramos para refletir, o chiste nos mostra uma realidade eminentemente humana.

Tomemos outro chiste de Heinrich Heine que também diz respeito a dinheiro. Nesse se põe em jogo, diz Freud, uma técnica distinta: a do deslocamento. Trata-se do chiste do Bezerro de Ouro (Freud, 1905: 47).

Durante uma festa que transcorre em um salão parisiense do fim do século XIX, Heine está com um senhor e observa como a multidão se acomoda ao redor de um milionário. O cavalheiro diz a Heinrich Heine: "Veja você como o século XIX adora o Bezerro de Ouro". Heine lhe responde: "Me parece que tem uns anos a mais".

Entendemos que se trata de um deslocamento porque na proposta do cavalheiro o que aparece destacado, a acentuação psíquica – como a denomina Freud – é a idolatria do dinheiro, equivalente do Bezerro de Ouro, por sua vez substituto de Deus. Em contrapartida, Heine utiliza a metonímia que está em jogo em toda idolatria, esse rebaixamento do simbólico ao imaginário, para destacar em "bezerro" a condição de boi jovem. Ironiza não somente com a idade do cavalheiro, mas, além disso, com a adoração da qual é objeto alguém perfeitamente imbecil, como poderia ser um boi. Heine opera assim o deslocamento da idolatria do dinheiro para a estupidez. Também ali podemos ver facilmente que não é inocente a resposta com a qual o chiste culmina, na medida em que há nela uma amarga reprovação a essa sociedade que exclui os dois.

Outro chiste conhecido é o de Lemberg (ibidem: 108). Dois judeus se encontram em uma estação de trem, um pergunta para o outro: "Aonde você vai?". O primeiro lhe responde: "A Cracóvia". O outro replica: "Para que você me diz que vai para Cracóvia? Para que eu pense que você vai para Lemberg quando na realidade vai para Cracóvia?".

Em primeira instância, este chiste é a exibição da má-fé. É claro que àquele que duvida da resposta se poderia replicar, como fazem as crianças: "É o que você diz". Mas, por outro lado, está mostrando, pela via do humor, algo de que todos os humanos padecem. Por nossa relação com o significante – e a característica de um significante é a de poder substituir outro – temos possibilidade de nos des-encontrar com a verdade. É impensável que alguém peça a uma rã que diga a verdade. Só o humano, por sua relação com a linguagem, tem chances de dizer o que não é, de usar um significante no lugar de outro, afastando-se do encontro com a verdade. Esse chiste tão banal envolve a amargura que registra a essência de nossa condição. Basta pensar quantas vezes a pessoa que amamos nos perguntou ou perguntamos para ela: "Você me quer?". Por que persiste a pergunta? Porque a verdade poderia ser diferente do que afirma a resposta, nada a assegura.

Vou lhes contar agora um chiste que circula no meio lacaniano, representativo de nosso tempo.

> Um jovem roqueiro entra na farmácia, um pouco tímido. Diz:
> – O senhor poderia, por favor, me vender um preservativo?
> – Vamos, rapaz – diz o farmacêutico –, você pode dizer forro *.
> – Está bem, forro, poderia me vender alguns preservativos?

Se vocês gostaram, do que riram? O mais simples é atribuir o efeito à dupla acepção da palavra "forro", que pode ser um substituto mais ou menos coloquial de "preservativo" ou um modo que os jovens têm de interpelarem-se. Essa constituiria a base do chiste no que diz respeito à sua formulação explícita, às palavras que o sustentam. Mas aqui o chiste também diz algo que toca a nossa condição. O jovem entra com pudor e pede algo relacionado com aquilo que em nossa sociedade exige ser formulado com seus véus; o farmacêutico, buscando uma aproximação, o invoca a partir de um registro de aproximação que tenta ignorar as barreiras que, no real, separam uns dos outros, como esses pais que dizem: "Eu sou amigo dos meus filhos". Mas a diferença se marca na linguagem – e os adolescentes querem que se marque. Este chiste presentifica, assim, o que para alguns pode ser uma sorte e para outros uma dor: há uma distância inexorável que pertence ao real e que se marca no discurso entre os tempos de um e de outro.

Nesse breve percurso por aspectos já conhecidos, quero acentuar especificamente aquilo que concerne à terceira pessoa, a essa condição imprescindível do chiste que é o riso do outro. Nas palavras de Freud, os processos psíquicos de quem conta o chiste e de quem o escuta não são iguais; a

---

* O chiste é intraduzível. Como assinala o autor, a palavra *forro* tem uma dupla acepção, podendo ser traduzida em seu sentido mais vulgar como *camisinha* e, em uma segunda acepção, guardando o sentido de *babaca* [em castelhano *boludo*]. Logo, é importante destacar que, neste último caso, tanto a palavra *forro* como a palavra *boludo* podem ser empregadas como uma forma de tratamento entre os jovens. (NT)

comunhão que os aproxima é a inibição que um e outro sofrem; há algo em ambos que está sob a barra do recalque, algo que por razões de estrutura não se deve dizer. Mas, enquanto quem conta o chiste produz um gasto para levantar essa barreira – Freud o formula assim –, um gasto que substitui o esforço consumido até então no recalque, em quem o escuta esse gasto é poupado. Resta assim energia livre no ouvinte, que se descarrega no riso.

Essa forma de pensar a questão nos parece insuficiente. Nós dizemos que, se a *dritten Person* aceita escutar o chiste, é porque sabe de antemão que terá um ganho de prazer e encontrará um gozo. Há, além disso, algo que o chiste diz, uma mensagem para a qual a *dritten Person* dá espaço.

O riso da terceira pessoa sanciona o chiste se aceita a demanda; reconhece-o como tal quando devolve a quem o relata sua própria mensagem, oferecendo-lhe, a partir do seu próprio gozo, a possibilidade de um mais-de-gozar: se o chiste que contamos provoca riso, podemos nos reencontrar com o riso.

O relato do chiste invoca no terceiro uma escuta; "invocação" à qual o terceiro assente como diante de uma demanda de escuta. Então, escuta uma demanda que o excede. No exemplo mais clássico do "familionário", tal demanda poderia ser parafraseada assim: "Reconheça você o meu direito de refutar essa atitude do meu tio milionário, reconheça você meu direito de fazer uma exposição da minha posição". O terceiro sanciona o chiste com seu riso e descobre a razão de sua aceitação: o gozo que o riso revela. Não o faz por altruísmo – convém não esquecer o próximo como iminência intolerável do gozo; sua sanção obtém formas toleráveis do gozo. E cabe recordar aqui o valor que pode ter em uma sessão canalizar o gozo através de um chiste.

A partir da perspectiva energética freudiana, a *dritten Person* imita o outro do amor, recurso que opera ali onde o Inconsciente e seu desejo fracassam. Lacan o diz assim, em um de seus últimos seminários: "*L'insuccès de l'Unbewusste c'est l'amour*"; em um jogo de palavras que pode ser lido também de outro modo, mas que sob essa forma quer dizer: "O fracasso do Inconsciente é o amor". O amor vem remediar aquilo que o inconsciente, enquanto lugar do desejo, nunca consegue completamente. Por isso sublinhei no chiste de Heine o termo "completamente", qualidade que se espera de um milionário – mas condição impossível no *parlêtre.* Precisamente por isso o outro, a *dritten Person*, tem uma função de enodamento.

O Outro com maiúscula, o único a que Lacan se refere no momento em que trabalha sobre o chiste, esse Outro a quem o chiste se dirige, lhe serve, além disso, para desenvolver sua crítica da intersubjetividade. Nesse contexto, recorda um chiste que seu amigo havia contado, o poeta Raymond Queneau, cujo protagonista é um jovem que ia fazer uma prova de história. Pergunta o professor:

– O que você pode me dizer sobre a batalha de Marengo?
– Ah! – responde o aluno – mortos, mortos, feridos, um horror! Um horror!
– Bem – continua o professor –, mas não pode me dizer mais alguma coisa sobre essa batalha?
– Sim, um cavalo relincha e levanta as patas dianteiras.
– E o que você pode me dizer sobre a batalha de Fontenoy?
– Ah! um horror! Um horror! Mortos, corpos despedaçados, gritos, lágrimas.
– Mas me diga algo mais específico.
– Um cavalo que relincha levanta as patas dianteiras.
– Diga-me então o que pode me contar sobre a batalha de Trafalgar.
– Oh! um cemitério, mortos por todos os lados, lágrimas, dor.
– Bom, mas diga-me algo mais específico.
– Um cavalo...
– Não, era uma batalha naval.
– Ah, bom, então volta, cavalinho.

Lacan assinala assim a parte de xadrez, aquilo que ultrapassa a dimensão imaginária da intersubjetividade no que diz respeito ao encontro com o grande Outro.

À sua maneira, Freud sustenta a mesma coisa quando afirma que "toda psicologia individual é social". Seria difícil para nós concluir, a partir de trabalhos como *O futuro de uma ilusão, Psicologia das massas e análise do eu* ou *O mal-estar na civilização*, que Freud se dedica a uma análise sociológica. Mas as estruturas coletivas ou a cultura como tal não estão ausentes em seu horizonte conceitual. É nessa mesma perspectiva que entendo a frase citada. Lacan, como sabemos, radicalizou-a, dizendo: "Toda psicologia social é individual".

No meu propósito de revisar as premissas dessas duas formulações, me inclino a dizê-lo desse modo: as duas nos fazem recordar que o outro não é exterior à estrutura do sujeito, faz parte dela e, mais ainda – tal é a tese com a qual irei avançando –, é condição para que a estrutura seja uma estrutura.

O aforismo lacaniano "*Y a de l'Un*" indicava, num primeiro momento, "*há um significante entre outros*". Esse "Um" servia, nessa etapa de sua teorização, para Lacan acentuar o contraponto entre o simbólico e o imaginário, diferenciando-o do "Um unificante", do um do narcisismo. Nos últimos anos, ao contrário, "*Y a de l'Un*" remete àquilo que a teologia cristã põe em evidência através da concepção desse "três" que é "um". Entendo que "Há um" passa a indicar que só podemos ser um a título de estrutura, graças a uma série de instâncias – pelo menos três – que estão enlaçadas de um modo e não de outro.

A tese que intento esclarecer, porque considero importante que um analista seja sensível a ela na direção da cura, *é que o outro é condição para que haja um*, para que alguém seja um * para que haja "uma" estrutura, a estrutura de "um sujeito".

Há ali um deslizamento através do qual o sujeito já não é somente, como no início, o sujeito do significante. Na teoria lacaniana, o sujeito do significante vai dando lugar, gradativamente, ao sujeito do fantasma, diferente do sujeito acéfalo da pulsão, por sua vez distinto – e aqui avançamos um passo a mais – do sujeito da estrutura, de uma estrutura que para Lacan, nos últimos anos, é o nó.

Em nosso percurso por *O chiste e sua relação com o Inconsciente*, quisemos destacar essencialmente isso que Freud, com sua lucidez habitual, sublinhou como condição da existência de um chiste, isto é, que não se sanciona como tal sem a intervenção de um outro, de seu riso.

Vimos nesse chiste do familionário, posto por Heinrich Heine na boca de um pobre vendedor de loteria, Hirsch Hyacinth, que, graças ao relato do chiste, abre passagem uma exigência, provavelmente rechaçada, de ter se apresentado de outro modo. Ali temos um exemplo *princeps*, como tantas vezes Freud nos propõe um, para perceber o valor disso que parece sem importância e que constitui para nós, psicanalistas, o centro do nosso

---

* Em espanhol, *para que uno sea uno*. (NT)

interesse, esses resíduos da cultura, esse resto tão pouco sério onde está em jogo a existência do sujeito.

Sublinhado o valor dessa terceira pessoa, torna-se evidente o fato de que o sujeito que conta o chiste não pode obter esse efeito de reivindicação subjetiva a não ser graças à aceitação do terceiro, que nesse instante faz parte de sua estrutura. O que nos interessa disso?

Antecipando-me ao modo segundo o qual me proponho desenvolver a questão, retomo aqui uma frase de Lacan que uma vez destacamos: "Em nossa experiência da análise, o analista faz parte do conceito do Inconsciente, porque se dirige a ele". Para dizê-lo com outras palavras, na transferência nós constituímos, nesse acontecimento chamado cura psicanalítica, parte inerente à estrutura do sujeito.

Em termos mais amplos, trata-se da participação do outro. Estou propondo o outro com minúscula, não o grande Outro do qual Lacan fala como instância fundadora. Não se trata, então, do Outro primordial enquanto sustentação do narcisismo constituinte, nem do Outro Real, Simbólico, Imaginário, nem do Pai em função dos Nomes do Pai: o real do Outro Real, o simbólico do Outro real, o imaginário do Outro real, como ele diz em *L'insu*... Não é desse Outro que se trata aqui, mas do outro com minúscula, só que não o situamos, como é habitual no ensino de Lacan, como semelhante, reduzido à dimensão imaginária, mas o consideramos constituído também pelos três registros.

Na série dos aforismos que propus, avanço agora com este: "É por sua invocação que o outro advém à condição de próximo; que advenha a ela não assegura sua bondade, pode ser também a ruína". Por quê? Indica-nos essa frase do seminário de Lacan, *De um Outro ao outro*, segundo a qual "o próximo é a iminência intolerável do gozo". Ela se mantém como pano de fundo desse aforismo que concerne à condição do próximo.

Mas, então, trata-se da invocação do sujeito ou do outro? E quando dizemos "iminência intolerável do gozo", de quem? Do sujeito ou do outro? Como na melhor poesia, nos deparamos com asserções que admitem ser lidas em seu anverso e reverso.

Passemos agora a outro exemplo que faz parte da nossa vida cotidiana, mas que, habitados como estamos por isso que Lacan chamou tão docemente "debilidade mental" – nossa sujeição imaginária –, sabemos e ao mesmo tempo ignoramos, recalcando essa persistência do outro na constituição de nossa estrutura. Refiro-me ao esquecimento. Quem não viveu, muitas vezes, a situação de compartilhar com outros uma cena na qual alguém esquece uma palavra ou pergunta a quem está do seu lado o nome de certa rua e o outro se vê arrastado, contagiado pelo esquecimento?

Vou ler um exemplo contado por Freud, que não deixou de perceber esse fenômeno:

> Em uma pequena reunião de universitários, na qual se encontravam também duas moças estudantes de filosofia, falava-se dos inumeráveis problemas que a origem do cristianismo levantava para a história da cultura e a ciência da religião. Uma daquelas jovens que participava da conversa recordou-se de ter lido não fazia muito tempo, em um romance inglês, um atraente quadro das muitas correntes religiosas que se agitavam naquele tempo. Acrescentou que no romance desenhava-se toda a vida de Cristo, desde o seu nascimento até a sua morte, mas não lhe ocorria o nome dessa criação literária (sua lembrança visual da capa do livro e da tipografia do título era hipernítida [cf. p. 20, n. 7]). Três dos jovens presentes também afirmaram conhecer o romance e assinalaram que, coisa rara, tampouco a eles ocorria o nome.
> [...] Só a jovem se submeteu à análise para esclarecer esse esquecimento do nome. O título do livro era *Ben Hur* (de Lewis Wallace). Suas ocorrências substitutivas foram: *Ecce homo, Homo sum, Quo vadis?*. Ela mesma compreendeu que tinha esquecido o nome "porque contém uma expressão que nem eu, nem nenhuma outra moça empregaríamos de bom grado, sobretudo em uma reunião de jovens" ("*Hure*", em alemão, "puta"). Graças à interessantíssima análise, essa explicação se aprofundou ainda mais. É que, tocado aquele vínculo, a tradução de "homo", "homem", ganha um significado de má reputação.

E Freud conclui:

> A jovem trata a palavra como se, ao declarar aquele título suspeito diante de alguns homens jovens, confessasse os desejos que rechaçou como penosos e em desacordo com a sua personalidade. Em síntese: inconscientemente equipara a declaração de "Ben Hur" a uma proposta sexual e, de acordo com isso, seu esquecimento corresponde à defesa frente a uma tentação

> inconsciente. Temos razões para supor que processos inconscientes parecidos condicionaram o esquecimento dos jovens. O Inconsciente deles apreendeu o esquecimento da moça em seu significado real e efetivo [...] interpretando-o, por assim dizer. [...] O esquecimento dos nomes representa uma consideração daquela conduta de rechaço. [...] É como se sua interlocutora, com sua repentina falta de memória, lhe desse um nítido sinal, e eles, inconscientemente, o compreendessem bem (Freud, 1901: 46-47).

Podemos ver aqui, fenomenicamente, no esquecimento de um nome próprio, de que modo o outro participa na estrutura, de que maneira o recalque que opera em alguém desencadeia o recalque no outro; e cabe olhar com cuidado em que termos Freud o assinala: "Esses rapazes notaram que para essa moça, nesse momento, era preciso que esse nome não emergisse".

Já assinalei que essa referência ao próximo na direção da cura tem importância para nós. Recordo uma breve citação do seminário *Mais, ainda*, de Lacan. Diz no início do primeiro tópico:

> Isso que para vocês eu hoje escreverei com prazer como amódio [*l'hainamoration*] é *o relevo que a psicanálise soube introduzir* para situar aí a zona de sua experiência (Lacan, 1975: 84). [O itálico é meu].

De modo que, para Lacan, a zona da experiência da análise se situa no campo da *l'hainamoration*. Proposta surpreendente, mas o é ainda mais o fato de que de nossa parte, de nós, que nos reconhecemos devedores de seu ensino, não tenha surgido uma pergunta tão simples como esta: se Lacan acentua, pelo menos a princípio, a referência ao desejo; se, além disso, sugeriu, durante tanto tempo, que deixássemos de lado os afetos – o ódio, o amor, tudo o que o pós-freudismo esgotou excessivamente; se nos últimos tempos sublinha a referência aos gozos, como pode ser que a psicanálise situe no eixo de sua experiência esse neologismo, *l'hainamoration*? Parece uma contradição no centro da teoria, cujo articulador principal teria que ser a dialética do desejo ou algo que tivesse a ver com a distribuição dos gozos.

Chegando a esse ponto, lhes proponho um esquema que, como qualquer outro, vai ser insuficiente – reconheço – para traçar, de um modo geral, uma história da psicanálise através de seus pensadores mais importantes.

- Freud, criador da doutrina, propõe uma psicanálise centrada no desejo, tal como o diz a partir da análise dos sonhos: um sonho é uma realização de desejo.
- Melanie Klein, outra grande psicanalista (como reconhece o próprio Lacan, com sua modéstia habitual: "Houve três grandes psicanalistas na história da psicanálise: Freud, Melanie Klein e eu"), situa o eixo da doutrina nas peripécias do amor, do ódio e dos circuitos pulsionais.
- Em Lacan cabe considerar diferentes etapas. Quando sua proposta é a de um retorno a Freud, a bandeira que levanta é a da subversão do sujeito e da dialética do desejo. Mas quando avança, a partir do *Encore*, com a distinção dos gozos, vai acentuar o registro do Real – e nós poderíamos dizer o real do gozo. Paradoxalmente, nesse mesmo momento introduz uma enorme modificação na transferência, propondo *l'hainamoration* como seu eixo.

Creio que esse ordenamento dos conceitos não é casual. Entendo que a proposta de Lacan, nos últimos anos, aponta para a relação que o sujeito mantém com os gozos; mas na medida em que a análise consegue introduzir modificações, graças a uma abstenção do exercício do gozo, abre-se a perspectiva dos afetos. O que se manifesta como abstinência na eficácia dos gozos é incentivado no campo dos afetos. Mais ainda, não corresponde somente a situar o gozo no real, mas também os afetos.

Há alguns anos trabalhamos esse tema, quando diferenciamos "*Affekt*" de "*Gefhül*" – "*afeto*" e "*sentimento*"; propusemos então o "sentimento" como a dimensão imaginária do "afeto", uma vez que este afeta o real.

Para nós, como hoje podemos pensá-lo – é uma das tantas maneiras de dizê-lo –, o campo de nossa experiência é o do desejo enlaçado ao amor e ao gozo. E esse conceito lacaniano de *l'hainamoration* nos fala do valor do amor e do ódio para o bom enlace. De um outro modo mais contundente: sem amor bem enlaçado não há corte com o gozo parasitário. Em francês, seguindo também destaques de Lacan, diria que a boa *épissure* (a boa junção) é condição para alcançar a *coupure* (o corte).

Depois do que foi exposto, me anima a esperança – Lacan assegurava que a esperança era o melhor caminho para o suicídio... – de ter conseguido entusiasmá-los com o que vou lhes propor. Recordo que nós que estamos nessa paróquia sofremos preconceitos invertidos. Vocês pensarão: como veremos que traz tantas reparações?

Não podemos nos fazer de distraídos – pelo menos não é essa a minha opção – diante de conceitos como o de "próximo", nada inocente. O próprio Lacan escolheu em vida, como capa de seu seminário *Mais, ainda*, a estátua de Santa Teresa de Bernini, figura proeminente na mística cristã, mais especificamente na católica.

Há um texto de Catherine Millot no qual ela se refere aos gozos místicos (Millot, 1986: 59). Em Santa Teresa, podem ser registradas duas formas; há outras, como a de Ângelus Silesius, perversa, ou a de Meister Eckhart, a ser situada na perspectiva de uma mística da negação. Em Santa Teresa, segundo Catherine Millot – e me parece que é sustentável como hipótese –, essas duas formas são, por um lado, o gozo fálico e, por outro, um gozo "a mais", próprio da mulher. A partir do gozo fálico a alma persegue o seu amado e nunca consegue alcançá-lo; encontramos ali essa infinitude, essa insatisfação que é um tempo de "As moradas" *. Quanto ao outro gozo, o que figura na imagem que Lacan elege como capa do Seminário 20, indicando por esse viés um avanço em seu trabalho teórico, trata-se de um gozo suplementar, que excede a dimensão do fálico.

O percurso que estamos fazendo não se identifica com uma opção entre um e outro, implica algo mais. Onde posso registrar esse outro gozo? A resposta vai ser ao mesmo tempo um enigma. Lacanianos rigorosos costumam dizer "A mulher é o sintoma", e outros, não menos estudiosos, "A mulher é o *sinthôme*". Eles se referem a lugares distintos na teoria, onde aparecem essas afirmações. Os primeiros se remeterão ao seminário *R.S.I.*, enquanto os outros citarão *Le Sinthôme*. Nesse último caso, temos duas possibilidades, seja abordarmos a questão exclusivamente por uma perspectiva fálica, ou considerarmos nela algum outro aspecto. E é em relação a esse último, que não se reduz ao gozo extra da mulher, ainda que se aproxime dele, que temos a intenção de avançar.

---

* Obra também conhecida como Castelo Interior. (NT)

5.
Pelo amor de Deus

Quando Lacan recorre a termos tais como "o Nome do Pai" ou fala de "próximo", não está fazendo nomeações disparatadas ou dispersas; sabe bem – ainda mais porque tinha um irmão bispo – que somos sujeitos de uma tradição judaico-cristã marcada por aquele "Amarás teu próximo como a ti mesmo". Com total pertinência, como é de seu costume, no seminário sobre a ética chega a dizer que nesse mandamento, nessa única frase, resumem-se a moral e a ética cristã. Encontramos nele a palavra "próximo". Lacan a retoma e não precisamente de um modo tranqüilizador. Dificilmente algum teólogo cristão aceitaria sem mais essa afirmação que situa o próximo como "... a iminência intolerável do gozo".

De nossa parte, podemos propor uma primeira pergunta: por que a teologia cristã – e não esqueçam que somos sujeitos dessa cultura – erigiu essa frase como o eixo de sua ética e de sua moral? E acrescentaríamos outra: será possível encontrar ali uma resposta ao enigma que Lacan nos propõe com sua definição do próximo, "iminência intolerável do gozo"?

Uma terceira questão tem a ver comigo – vocês já conhecem minha perversão, meu gosto pelo suspense. Poderiam se perguntar: "Por que esse senhor vem e nos propõe essa invocação do outro para fazê-lo advir à condição de próximo?". Nesse caso serei eu quem terá que dar uma resposta.

Sabemos que esse mandamento, "Amarás teu próximo como a ti mesmo", tinha a virtude de inflamar o nosso pai simbólico, Sigmund Freud, que o considerava contranatural, insustentável para o ser humano: como vou amar o próximo, como propõe o cristianismo, quando esse próximo não se caracteriza como bom; muito pelo contrário, me pisa, me dá cotoveladas, me incomoda. É uma fórmula que não parece regulada segundo os critérios da justiça.

Por outro lado, se a questão do próximo tem sua história na psicanálise, seus antecedentes são anteriores ao cristianismo. Já no Antigo Testamento encontramos máximas a esse respeito.

- No Levítico, algumas máximas fazem alusão ao amor ao próximo:
  "Não roubareis; não mentireis nem defraudareis uns aos outros".
  "Não oprimirás o teu próximo, nem o saquearás".
  "Não odeies em teu coração o teu irmão, mas corrige o teu próximo para que não te enchas de pecado por causa dele".
  "Não te vingarás nem guardarás rancor contra os filhos do teu povo. Amarás teu próximo como a ti mesmo".

- Nos Provérbios encontramos:
  "Não digas ao teu próximo 'Vai e volta depois, amanhã te darei' se tens algo em teu poder".

Alguém poderia se perguntar: que novidade traz, então, a ética cristã? Onde reside a diferença? Já estava tudo dito no Antigo Testamento? A aparição do cristianismo seria somente, como no caso dos lacanianos em relação à psicanálise, a emergência de uma nova escola ou realmente implica uma revolução na história de nossa cultura? Se a opção fosse esta, ela nos concerniria muito de perto como sujeitos – algo que podemos intuir pelo tempo de sua duração, nada menos que dois mil anos.

O que seria próprio do cristianismo?

Para abordar essa questão contamos com um livro que se intitula, em sueco, *Eros Og Agape*. O título é quase transparente para os leitores de língua hispânica, *Eros y Agape* [Eros e Ágape]; seu autor, de uma lucidez inacreditável, é Anders Nygren. O texto foi publicado em Lund, Suécia, em 1930. A tradução para o castelhano está datada em Barcelona, em 1969, e recomendo com fervor sua leitura porque é estimulante a honestidade com que Nygren elabora e formula cada pergunta. É um desses autores cuja amizade teria apreciado, para além do grau de coincidência com suas idéias – nesse caso, trata-se de um homem religioso, piedoso e, no que me concerne, não é a perspectiva que compartilho.

Esse livro sugere, desde o título, que vamos interrogar algo crucial para nós, psicanalistas situados na perspectiva lacaniana, o contraponto, sem negociação possível, entre duas formas de amor: aquela sobre a qual discorria Lacan em seu seminário sobre a transferência, cujo referente essencial é o "*eros*" platônico, e o amor cristão, o "*ágape*".

Mais de uma vez sublinhei que era possível distinguir no texto freudiano algo que chamei seu socratismo, situado basicamente no espírito da tese que Diotima, a sacerdotisa, ensinou a Sócrates sobre o amor. Estabelecida em uma anfibologia onde *amor* e *desejo* em alguns momentos coincidem, não se distinguem, importa a lógica onde dita tese se sustenta: o sujeito deseja aquilo que lhe falta. Fica assim determinado o valor propiciador da falta. Só em função do que me falta me instituo como sujeito do desejo.

Qualificar de platônica uma forma de amor não implica negar-lhe sua dimensão carnal; o amor platônico não exige a exclusão absoluta da carne em toda sua extensão, mas exclusivamente no final, e esta é a diferença mais importante em relação ao amor cristão.

A falta que está em jogo no *eros*, a partir da perspectiva psicanalítica e sem entrar no momento na anfibologia entre amor e desejo, não é autógena. A falta se inaugura porque há uma lei que proíbe um gozo. O amor ao próximo – na perspectiva cristã, não é assim na judaica – tem a estrutura do *ágape*.

Na tradição judaico-cristã, cada ano consagra uma semana à festividade do Svcoth ("Las Cabañas", em castelhano ["As cabanas", em português]). Durante essas festas se constroem umas casinhas muito pequenas, que costumam ser muito agradáveis para as crianças, enfeitadas pelas mães ou avós com serpentinas ou guirlandas e cujo teto tem que estar levemente fechado e possuir aberturas suficientes para que se vejam as estrelas. É uma maneira de recordar ao crente que por mais bens que tenha na Terra sempre estará desprotegido diante do poder de Deus. Essas festas incluem também uma cerimônia durante a qual se estabelece que há quatro tipos de judeus: aqueles que fazem as boas ações e lêem a lei – em hebraico se diz que cumprem os Mitzvoth e lêem a Torá; aqueles que fazem boas ações, cumprem os Mitzvoth, mas não lêem a Torá; aqueles que lêem a Torá, mas não fazem boas ações e, por último, os judeus que nem fazem boas ações nem lêem a Torá. Esse rito afirma que todos são judeus, mas postula um limite: trata-se só de judeus.

Em troca, o mandamento cristão diz "Amarás o próximo como a ti mesmo", e isso inclui os justos e os injustos; os teus amigos e os teus inimigos... O povo inimigo! É enorme a magnitude dessa proposta. Recordem que Freud a avivava porque, como já sublinhamos, considerava-a absolutamente antinatural.

Interrogar essa outra forma de amor, que é o *ágape*, implica nos encarregarmos de uma pergunta: nos concerne em alguma coisa? Poderia modificar alguma coisa em nossa perspectiva do sujeito e até na nossa focalização dos percursos convenientes em uma cura psicanalítica? Vamos ao texto de Nygren e às citações do Novo Testamento nas quais se baseia. Nosso autor adverte que não vai expor a partir de uma perspectiva filosófica, mas religiosa. Ali onde o filósofo apela para a demonstração, ele se situará no campo da revelação. Na minha leitura, isso implica não discutir o valor do que está no Evangelho, mas avançar em sua interpretação. Comparemos essa proposta com um trabalho de natureza totalmente distinta como é *A teoria pura do Direito*, de Kelsen. Quando este autor estabelece sua tese principal a esse respeito, afirma que o valor da lei, de não se fixar em uma decisão divina ou em uma decisão natural – "... porque está de acordo com a natureza do homem" –, é estabelecido como valor cultural, valor decidido por decreto. A única possibilidade de estabelecer se uma lei é boa ou é má supõe considerar seu grau de concordância com a "lei magna" – por exemplo, a constituição do nosso país – ou com o conjunto de leis que uma comunidade aceita como referencia máxima para ser regida. Não se discute o valor último da lei, mas a concordância das leis com a "primeira lei", que surge de uma decisão tomada a partir de um pacto.

Fica claro, então, que Nygren só alude ao pacto com Deus, aceita a palavra divina, esse grande Outro Divino que inspirou os apóstolos; a única coisa que se propõe a fazer é interpretá-la.

Segundo sua tese principal, a história do cristianismo não é linear; muitas vezes foi obturada pela imisção do *eros* platônico nesse conceito novo do amor que é o *ágape* cristão. Imisção especialmente evidente na mística católica. Se nos remetermos ao Novo Testamento, veremos ali um conceito do amor ao qual não estamos acostumados. Nós o escutamos desde crianças, ele nos habita como o lema "As Malvinas são argentinas", é inevitável, mas dificilmente refletimos sobre ele. Comecemos pelo Evangelho segundo São Lucas.

> *O grande mandamento*
> Levantou-se um legista e para colocá-lo à prova disse:
> "Mestre, o que devo fazer para ter como herança a vida eterna?".
> Ele lhe disse: "O que está escrito na lei? Como lês?".
> Respondeu: "Amarás o senhor teu Deus com todo o teu coração, com toda a tua alma, com todas as tuas forças e toda tua mente; e ao teu próximo como a ti mesmo".
> Disse-lhe então: "Respondeste bem. Faze isso e viverás".

Há aqui duas afirmações de peso, segundo as quais a lei aparece enunciada em dois mandamentos: "amarás Deus" e "amarás o próximo como a ti mesmo".

Uma consideração importante a esse respeito consiste em sublinhar que "amarás o próximo como a ti mesmo" não quer dizer "amarás o próximo como ao teu Eu". "Ti mesmo" não se iguala ao "Eu", não se trata de autovalorização egóica. Proponho então uma nova pergunta: o que é este ti mesmo? O que é essa identidade pessoal que não igualamos à instância egóica? Como uma vez me disse um jovem inteligente: das religiões, se alguém as interroga, pode-se aprender muito...

No Evangelho segundo São Mateus lemos:

> Ouvistes o que se disse: Amarás o teu próximo e odiarás o teu inimigo. Pois eu vos digo: Amai os vossos inimigos [começa aqui a diferença com a tradição judaica; recordo a esse respeito essa frase: "Não te vingarás nem guardarás rancor dos filhos de teu povo"] e rogai pelos que os perseguem para que sejais filhos de vosso Pai Celestial, que faz sair seu sol sobre maus e bons e chover sobre justos e injustos.

Virada essencial, o mandamento já não é "*amarás somente os do teu povo*", inclui os do outro povo, os inimigos. Custa perceber a magnitude dessa mudança. Quem o sublinhou, quem o sustentou com toda energia foi Paulo, o artífice daqueles que seriam os pilares da ética e da moral cristãs. Em sua Epístola aos Gálatas escreve:

> Pois toda lei alcança sua plenitude nesse único preceito: amarás teu próximo como a ti mesmo.

Esta maneira de levar ao extremo o mandamento não podia senão indignar os judeus piedosos de então, como o foram também Jesus Cristo e Paulo, fariseus formados segundo os preceitos da tradição judaica. Era inevitável tal reação, posto que a ética judaica se funda na lei, enquanto São Paulo proclama que não tem importância ser circuncidado ou não, de modo que a relação com a lei não fica definida ali. Mais ainda, se é a lei que nos faz pecadores, sua formulação sucinta, "Amarás o próximo como a ti mesmo", torna-se uma proposta benéfica. Para os fariseus, judeus piedosos, constituía um atentado aos próprios pilares da sociedade ver Jesus Cristo sentado com pecadores, com ladrões, com prostitutas.

Algo parecido, ainda que por outra perspectiva, ocorreu a Sócrates; seus concidadãos lhe disseram: "Tens que tomar cicuta porque transtornas os valores de nossa juventude ao interrogar nossas tradições"; essa foi a principal acusação, tal como se lê na *Apologia de Sócrates*.

Proponho o exercício de restituir essas frases, que têm força própria, ao contexto no qual se gerou esse modo de laço social. Talvez possamos perceber algo do que ali se passava. Diz Nygren, citando São Paulo:

> Os judeus exigem milagres e os gregos buscam a sabedoria. Mas nós anunciamos Cristo na Cruz: um escândalo para os judeus e uma loucura para os pagãos. [...] Que a Cruz de Cristo tenha tanta importância para São Paulo se deve a que, segundo ele, a Cruz é precisamente o signo dessa nova comunhão com Deus que é o cristianismo, assim como a Lei era o signo da comunhão com Deus antes da vinda de Jesus Cristo (Nygren, 1969: 110).

Não se trata tão somente do que Cristo representa em termos de amor ao próximo, mas especificamente da Cruz: é o Cristo da paixão, do sacrifício. Para São Paulo, o *ágape*, o amor cristão, e "a trilogia da Cruz" são uma só coisa. É fácil entendê-lo: esse "ama teu próximo como a ti mesmo", chegando a dar-lhe a própria vida, dá conta de um amor imotivado.

Diz São Paulo na Epístola aos Romanos (Rom 5, 6-10):

> Vemos que Cristo morreu por nós, os descrentes, quando ainda éramos fracos. Em verdade, ninguém morrerá pelo amor de um justo; apenas se alguém se sacrifica pelo amor do bem. Mas Deus nos demonstrou seu ágape fazendo que Cristo morresse por nós quando não éramos senão pecadores... (idem: 111).

Assim, o maior mandamento do cristianismo leva ao extremo a fórmula de um amor imotivado: Deus envia seu filho, que também é Deus, para morrer por aqueles que não merecem:

> [...] o amor divino, não só como uma idéia do amor, mas como a mais poderosa das realidades, como um amor que sacrifica a si mesmo, o amor que se entrega aos mais perdidos e aos que caíram mais fundo.
> [...] É o caminho da oferenda religiosa; diante de Deus só cabe ao homem uma coisa: a humildade (idem, pp. 114 e 115).

Um considerável número de parábolas dá conta da indignação que despertava o mandamento único de um amor indiscriminado. Contarei ao meu modo uma delas, conhecida como "A parábola da vindima":

> O dono de uma vindima, um homem muito rico e bondoso, contrata alguns diaristas pela manhã para que fossem trabalhar em seus campos. Ao meio-dia observa outros homens descansando em seus campos e lhes pergunta: "O que se passa com vocês?". Eles lhe respondem que não houve ninguém que os contratasse. O homem lhes diz: "Eu os contrato, vão para o campo". Aproxima-se mais tarde de seu campo, vê que ainda há outros homens e lhes pergunta: "O que se passa com vocês?". Os homens lhe respondem do mesmo modo: "Ninguém nos contratou". (Não faziam muito esforço para consegui-lo). O homem lhes disse: "Se querem trabalhar, eu os contrato". Essa situação se repete com outros grupos até uma hora antes do pôr do sol, momento em que termina o dia de trabalho.
> Ao final da jornada, quando os diaristas chegam para receber, o dono da vindima diz: "Os últimos serão os primeiros; que eles venham receber", e

> lhes paga um dinar, que era a moeda daquele tempo. Depois vêm os que estavam antes e também lhes paga um dinar; assim, até que chegam os primeiros com quem havia combinado que por esse trabalho lhes pagaria um dinar. Irritados, eles protestam: "Como pode ser que a nós, que trabalhamos o dia todo, nos pagues o mesmo que a esses outros que trabalharam apenas algumas horas ou somente uma hora!". O homem rico lhes responde: "Eu cumpro o combinado com vocês; tenho direito de fazer o que quiser com o que é meu e o que quero é pagar a todos do mesmo modo".

Se nos identificarmos com o diarista que trabalhou desde a manhã, nos é absolutamente injusto que receba pagamento igual aos outros. E é realmente injusto, porque corresponde a esta máxima do amor cristão que não se regula segundo a justiça. Excede a dimensão da justiça e nos causa repúdio.

Outra parábola, mais conhecida, é a do "filho pródigo". Conta a história de um pai que tem dois filhos. O menor lhe pede que divida os bens e lhe dê a parte que lhe cabe. Com esse dinheiro vai para outra região e o gasta com prostitutas, torna-se um libertino, faz maus negócios, fica na miséria absoluta. Trabalha depois como diarista; come menos do que os porcos, até que decide retornar para sua casa e pedir perdão ao pai pelo que fez. Pensa lhe rogar, além disso, que o contrate como diarista – pelo menos, os que trabalham no campo de seu pai têm o que comer. Quando se aproxima da casa, o pai, que o viu de longe, se emociona e ordena que lhe tragam sua melhor roupa, que sacrifiquem um novilho e organiza uma festa. Recebe-o com um abraço e o reconhece novamente como filho. O filho lhe pede perdão e faz o seu pedido de trabalho. O pai lhe responde: "Te perdôo e tu és meu filho".

O irmão mais velho, muito irritado, diz ao pai: "Isso não é justo; enquanto eu estive sempre contigo meu irmão dilapidou a fortuna, viveu fora da lei e agora o recebes com uma festa"; ao que o pai responde: "Tu sempre estiveste comigo e continuarás estando comigo, mas o teu irmão estava morto, agora retorna à vida e por isso devo fazer uma festa".

Do ponto de vista da piedade o gesto do pai nos comove, mas pela perspectiva do filho mais velho sentimos que algo não "fecha", que este tem razão, o irmão menor transgrediu todos os preceitos e a recepção que lhe é oferecida nos causa repúdio.

O relato dessa parábola evidencia um atentado contra a lei judaica, que explica por que Cristo foi condenado à cruz. Essa é a verdadeira razão e não a de ter se anunciado como Messias, coisa que nunca fez. Trata-se de um atentado que altera o valor da lei, os pilares éticos da sociedade, mediante intervenções que parecem ser um convite à desocupação ou ao pecado – "Os últimos serão os primeiros", para citar apenas uma.

Cristo estava completamente equivocado ou em tudo isso há algo novo, difícil de apreender? Para desculpar semelhante dúvida e seguir adiante com nossa pergunta, digamos que na mesma tradição cristã essa novidade tende a ficar velada. São muitos os grandes pensadores que colocam numa mesma perspectiva as reflexões de São Paulo, Dante, Pascal. Não obstante, em Dante pode-se observar uma tendência a conjugar o *eros* platônico, enquanto em São Paulo é contundente a reivindicação do amor cristão, o *ágape*, totalmente distinto do *eros* helênico, diferença na qual Nygren insiste como tese de base.

De fato, não há dúvida de que *eros* e *ágape* pertenceram a mundos espirituais originalmente separados. Entre os dois se abre um abismo a princípio intransponível. Não representam os mesmos valores e, conseqüentemente, não podem substituir-se um ao outro em nenhum caso (idem: 23).

Vemos que a tese de nosso autor é forte e aumenta o valor do enigma: a que lógica corresponde esta nova forma do amor?

Nygren coloca questões de método e são precisamente essas passagens que nos proporcionam uma leitura grata pela abertura de seu pensamento e pelo rigor de sua exposição. Adverte que não se trata de fazer uma fenomenologia das religiões, nem de buscar coincidências descritivas entre elas, indicando, por exemplo, como a palavra "próximo" – ou a máxima "Amarás teu próximo como a ti mesmo" – encontra-se também no Antigo Testamento, porque ela não tem o mesmo sentido num e noutro texto, numa e noutra tradição. Efetivamente, a cultura e o universo religioso em que se inscrevem são diferentes. Pelo contrário, trata-se de descobrir quais são os fundamentos de uma e de outra perspectiva.

Distanciando-se do que poderia ser considerado uma posição empirista, Nygren esclarece quais são os fundamentos da intuição à qual procura responder:

A missão do estudo das religiões não se limita ao inventário das representações existentes, das atitudes, etc. Seu objetivo principal será, pelo contrário, destacar o característico e específico das mesmas.

A partir dos dados da religião, faz uma leitura da letra dos textos, com o objetivo de determinar qual é o efeito de sentido localizável. Conclui assim que a novidade trazida pelo cristianismo é a de igualar a lei a esses dois mandamentos, resumidos em uma única frase.

Continua o autor:

> Se se quer afirmar que o mandamento do amor é especificamente cristão – o que é indubitavelmente certo –, as causas não deverão ser buscadas no mandamento como tal, mas no sentido totalmente distinto que lhe conferiu o cristianismo, posto que o amor exigido por ele significa algo muito distinto do caso do judaísmo (idem: 56).

Isso é o que representa a cruz, símbolo principal da nova doutrina, precisamente porque esses braços abertos indicam a universalidade do mandamento, que inclui o próprio povo e o inimigo. Segundo Nygren, o amor cristão implica a universalidade do amor, anula todos os limites e abarca tudo.

Afirmação que tem conseqüências de peso para a proposta anterior. Efetivamente, essa universalidade não somente reclama um aumento quantitativo do amor, mas modifica sua qualidade na medida em que amar, ainda que os pecadores, os inimigos, aqueles que estão fora da lei, reposiciona o valor da lei. A conjunção dos dois mandamentos em uma única frase leva Nygren a antecipar uma fórmula que em um primeiro momento parece dogmática:

> A idéia de "ágape" (de amor cristão, sob a forma do "amarás teu próximo como a ti mesmo") recebe seu caráter ("amarás também teu inimigo") da comunhão cristã com Deus (idem: 60).

Sua condição nos convida a pensar como se apresenta o Deus cristão. E aponta a qualidade destacável:

> A comunhão com Deus, à qual aspira o cristão, não é, como na tradição judaica, uma comunhão de direito, é uma comunhão de amor (idem: 62).

Cristo enfatiza: "Não vim para chamar os justos, mas os pecadores". Nygren assinala que Cristo vem cumprir uma missão que lhe fora confiada e é nessa medida que a máxima adquire sua qualidade específica, sustentando-se em Cristo, mas no Cristo da Cruz. Encontramo-nos nesse ponto com uma questão essencial, a da morte do filho.

Vou me permitir uma digressão não inteiramente inoportuna: recordo nossa concordância com o que poderíamos designar como o "espírito freudiano". Efetivamente, quando Freud se pergunta sobre o perfil que poderia assumir uma universidade que ensinasse psicanálise, diz que uma das matérias imprescindíveis teria que ser História das Religiões.

Textualmente, Nygren afirma:

> Deus busca o pecador e quer acolhê-lo em sua comunhão. A comunhão com Deus não é uma comunhão de direito, mas uma comunhão de amor (idem: 63).

A origem fundadora do *ágape*, do amor cristão, não revela os méritos do homem, mas uma qualidade de Deus: "*Deus ama indiscriminadamente*". Seria preciso dizer, com maior precisão, "*Deus ama imotivadamente*". Temos assim, por um lado, o amor humano, motivado, e por outro o amor divino, o único espontâneo, que não exige nada, nem sequer os atos justos da criatura, posto que também ama os injustos e os pecadores. Mas então – e aqui o autor se depara com um problema lógico –: poderia ser chamado de *ágape* o amor da criatura em relação a Deus? Não de todo, responde, porque nosso amor dirigido a Deus não é totalmente imotivado, na medida em que nós queremos que Ele nos ame. Por isso Paulo reserva o termo "ágape" para o amor de Deus por nós, enquanto chama a nossa relação de amor por Deus de "*pistis*", que em grego significa fé. Amor de Deus, fé da criatura.

Esse amor divino tem uma qualidade digna de nota. Efetivamente, se fosse fundado no mérito, suporia uma escala de valores que determinaria o que é que merece ser amado e em que medida. Em troca, como ilustra a parábola do filho pródigo, é o amor de Deus em si mesmo que institui o valor, é pelo amor de Deus que a criatura vale, não é porque ela vale que Deus a ama; trata-se de um amor "criador" de valor. Qualidade que também devia ser indigna para a tradição judaica, cujo Deus se inflama quando a criatura se afasta da Lei e castiga-a. Também a escolhe, já que foi Deus quem escolheu um povo e não outro; e, assim como há uma prova de amor que surgiu de Deus, qualquer inobservância provoca sua severidade, seus raios, sua pragas.

À medida que algumas pontuações forem introduzidas, veremos mais claramente aonde nos conduz e o que implica para nós esse desenvolvimento. Não quero deixar de sublinhar desde já, para sustentar o entusiasmo daqueles que acompanham esse percurso, algo novo que se aprimora e insiste nos últimos seminários de Lacan no que diz respeito ao Édipo. Alguns de seus discípulos acreditam que isso significa desfazer-se do complexo de Édipo, mas julgo que não seja assim. Trata-se, em todo caso, de levar adiante um cuidadoso trabalho de leitura: o drama do Édipo não nos toca, mas sua lógica não é imprescindível.

Existem certas afirmações de Lacan nessa etapa de sua teorização que, no meu entender, esboçam uma proposta muito distinta daquela a que estávamos acostumados, tão distinta que até se apresenta ali o perfil de um modo de enlace com o outro no qual "há relação sexual" – algo que já comunicamos em um trabalho precedente. Nós estamos habituados à vulgata segundo a qual o Real em Lacan se define em termos de "Não há relação sexual", isto é, não há proporcionalidade entre o gozo de um e de outro sexo. Não obstante, Lacan também considera que o encontro com o outro permite que haja relação sexual – e entendo que esta afirmação tem a ver com a proposta que venho desenvolvendo aqui.

Continuemos com nossa pontuação do texto de Nygren, que nos levou a uma forma do amor que não é a que nós, psicanalistas, estamos acostumados a pensar. Para isso, vamos percorrer um quadro comparativo que o autor nos propõe entre o amor do *ágape* e o amor do *eros*. Pretendo esclarecer uma variável do amor que nos pode servir para interrogar algo aparentemente muito simples: por que necessitamos de um amigo?

Uma das condições constitutivas da relação de amizade é a de excluir a obtenção de um benefício em termos de objeto, qualquer que seja sua forma. À diferença do amor, onde ainda se poderia pensar que está em jogo o objeto sexual, a amizade prescinde dele. A sentença segundo a qual "O homem é o lobo do homem" se opõe a essas considerações sobre o *ágape*, ao mesmo tempo que recorda que desde o início da humanidade foi aceito que o ser humano não era precisamente um anjo. Ali está o relato de Caim e Abel para pôr em cena essa condição já desde as origens. Parece mais difícil de admitir, em troca, que outro homem seja sempre necessário para o homem. A amizade seria uma das formas de que se reveste essa necessidade.

É possível formular a idéia de outro modo: Freud, apesar de seu aspecto de senhor burguês, era bastante subversivo em seu pensamento (como dizia Lacan: "Dizem que sou louco, mas o verdadeiro delirante foi Freud"). Todo o seu pensamento demonstra isso, desde a descoberta da sexualidade infantil até a análise que atribui ao *lapsus* um valor e um sentido reportáveis à verdade do sujeito. Não é esse o lugar de enumerar suas descobertas, mas de recordar que Freud não pergunta, como alguns daqueles que foram seus seguidores, por que será que tal mulher ou tal homem buscam uma relação fora da relação com o seu companheiro. Ao inverso, ele propõe: por que razão tal mulher ou tal homem amam somente um homem ou uma mulher? Em que consiste isso que chamamos amor?

Quando percorremos os Evangelhos e nos dirigimos às parábolas, encontramos ali algo que lembra a lei mas a ultrapassa, sem por isso anular a arbitrariedade. Guarda com a lei uma relação de substituição que imprime eficácia. O que implica para nós – digo-o para estimulá-los, para que suportem o que supõe avançar nessa perspectiva – esse mandamento que resume toda lei, segundo a qual amarás não só os amigos, os teus semelhantes, mas também os inimigos? (Dito com outras palavras: um amor dirigido ao outro absolutamente outro). Em nossa terminologia: trata-se de amar o "outro" radicalmente "outro", que guarda a opacidade de seus desígnios; se posso supor ao semelhante uma intenção, há no outro uma opacidade que não alcanço. Isso é precisamente o que afirma a frase de Lacan: "O próximo é a iminência intolerável do gozo".

Nygren explica: "Quando se revelam o amor e a bondade espontâneos, a ordem do direito fica obsoleta" (Nygren, 1969: 83). Evoca então a parábola do filho pródigo, que "testemunha o amor espontâneo e imotivado de Deus". E se alguém quisesse pôr em dúvida essa qualidade do amor divino que a parábola sublinha, aparece em segundo plano "o filho mais velho, como representante da ordem do direito" (ibidem).

Nygren destaca como traços característicos do *ágape* cristão, do amor divino, seu caráter ilimitado e sua incondicionalidade – que podemos considerar, nesse contexto, como sinônimo de imotivado. Essa festa que o pai faz para o filho pródigo não tem razão de ser se quisesse se fundar nos méritos deste. "Quem recebeu gratuitamente o amor de Deus é chamado a compartilhá-lo gratuitamente com seu próximo" (idem: 84).

Quanto ao *eros* que estamos interrogando e questionando como única forma de amor, é ele que permite que o desejo avance da demanda incondicional do Outro à condição absoluta do objeto do desejo. O objeto causa do desejo tem suas condições, que implicam o singular ou, como propõe Hegel, a conjunção da lei universal com o particular. No desejo retorna a especificidade do que no ser humano como ser vivo está perdido, a univocidade do objeto da satisfação para o instinto. Termos simples: quando uma criança formula sua demanda de amor sob a forma do "Mamãe, me traz um chá", sabemos que não se trata de um chá, que isto não é mais do que a desculpa para a presença da mãe, prova de seu amor. Ao contrário, na dimensão do desejo, o objeto causa do desejo reintroduz a singularidade de seus atributos.

O amor do *eros* funda-se na justiça; reconhece que é conveniente para o ser humano avançar do pior para o melhor; propõe uma escala de valores segundo a qual "deves dar a cada vez um passinho a mais que te aproxime da bondade extrema, da beleza extrema". Muito diferente do mandamento cristão, que supõe amar a pior das prostitutas, o pior dos bandidos – algo incompreensível pela outra perspectiva.

Para nós, tudo isso quer dizer que aquilo que apontamos nesse encontro com o próximo, ali onde nos é necessário, não é definível em termos de bens, não se trata de objetos, mas de algo mais radical. Efetivamente, que comparação pode se estabelecer entre o acúmulo de bens e a salvação de minha existência? Mas, diferente da ética cristã, entendemos que não se trata de justificar essa existência em outro mundo, mas em nossa vida cotidiana. É por isso que às vezes, quando encontramos um teólogo – ou alguém capaz de uma profunda reflexão religiosa –, nos é muito mais fácil conversar com ele do que com um *yuppie*, ainda que seja irremediável a distância que nos separa quando nos despedirmos. Isso é assim porque o religioso nota a diferença entre o acúmulo dos objetos de desejo e o que corresponde ao fundamento de sua existência.

A propósito do que foi assinalado, um amigo me contava sobre a visita que fez a alguns familiares que não via quase desde o seu nascimento e que vivem atualmente no bairro judaico religioso de Nova York. Encontrou-se com uma tia que só pelo amor de tia o recebeu, já que para ela ele era um herege irremediável, condenado ao pior dos infernos. Aproveitando a confiança, ele lhe perguntou: "Por que você se dedica à religião?". E a resposta foi: "Entre o esporte e a música, preferi a religião".

Voltemos à lógica do *ágape* cristão. Há nela dois mandamentos que caminham juntos: um, o do amor de Deus, com uma qualidade que o diferencia do amor platônico, que aponta para Deus. Digo amor *de* Deus *ex professo*, já que não se sabe se esse amor "de Deus" começa na criatura ou no Criador. O *ágape* cristão se diferencia nesse aspecto tanto do *eros* platônico como das vertentes católicas que se inscrevem na tradição grega, por exemplo, a de Santa Teresa das Moradas ou a dos primeiros cristãos. Efetivamente, trata-se de um amor imotivado do grande Outro que chamamos Deus, dirigido ao sujeito. O *eros*, em troca, supõe um sujeito que busca Deus.

A perspectiva do *eros* é egocêntrica; a do *ágape*, teocêntrica: tem sua origem em Deus, é dom de Deus, é seu amor imotivado. Não há criatura que o mereça; Ele cria a condição do amor ao próximo ao fazer da criatura um ser amado.

Escreve Nygren:

> O caráter incondicional do amor recebido torna também incondicional a obrigação da entrega [...] O amor a Deus não é amor *concupiscentiae* nem amor *amicitiae* – para empregar a habitual distinção escolástica –, não é "amor-desejo" nem "amor-amizade", pois tanto um como o outro são orientados para o próprio homem (idem: 85).

Nós diríamos que, nesse amor cristão do *ágape*, algo do encontro com o próximo excede o encontro com o objeto.

Alguns resolvem essa questão mediante uma limitação, uma saída lateral: se o ser humano é detestável, como pode ser que Deus dê um mandamento tão absurdo? E concluem: na verdade, o que é ordenado é amar aquilo que o próximo tem de divino, esses restos do Criador que nos habitam. Não obstante, Nygren refuta essa interpretação e insiste que se trata do amor ao próximo, tal como se apresenta em sua disposição e natureza, e não à suposta imagem ideal que nele se encarnaria, não a Deus no próximo. Esse amor não aponta nem para o ideal nem para o objeto.

Deste modo, Nygren não teme ir ao encontro de nosso amigo Nietzsche, a quem cita no fio de suas reflexões:

> Amar os homens por amor a Deus – tal foi até agora o sentimento mais nobre e remoto alcançável entre humanos. Que o amor aos homens, por não existir um pano de fundo de santificação, é mais uma estupidez e uma bestialidade, que a tendência para esse amor humanitário necessita receber de uma tendência superior sua medida, sua qualidade, seu grão de sal e seu toque de âmbar... quem quer que seja a pessoa que compreendeu e "experimentou" isso pela primeira vez, por muito que enrolasse sua língua ao tratar de expressar uma coisa tão delicada, seja para sempre santa e digna de veneração para nós, como o ser humano que até agora voou mais alto e sofreu o mais formoso erro! (idem: 92).

Nygren sublinha nesse parágrafo de Nietzsche, por um lado, um grande mérito, o de ter indicado uma parte da verdade, a saber, o grão de divindade suposto no amor ao próximo. E, por outro, seu grande erro, que reside ali mesmo. Efetivamente, não é esse grão de divindade o fundamento do amor ao próximo que o cristianismo promove. Nygren considera ter ido mais longe que Nietzsche quando afirma que "para Jesus, ao contrário, é coisa estabelecida que o amor de Deus seja imotivado e espontâneo. E por isso considera indiscutível que o amor ao próximo também há de sê-lo" (idem: 92-93). Não é o grão de divindade presente nele que suscita nosso amor.

Nygren se pergunta o que fazer com o amor a si mesmo. Faz parte desse mandamento? Há alguns autores que o incluem, tomando literalmente seu enunciado. Não é a opinião de nosso autor, para quem

> O amor a si mesmo é o estado natural do homem e ao mesmo tempo a causa da perversão de sua vontade. Cada um sabe como, por natureza, ama a si mesmo. Da mesma forma, diz o mandamento do amor, deves amar teu próximo. Dando ao amor essa nova direção, separando-o do próprio eu e orientando-o para o próximo, supera-se ao mesmo tempo a perversão natural da vontade (idem: 94).

Assim, amar o próximo não é um retorno nem um prolongamento do amor ao Eu; requer, ao contrário, separar-se da perspectiva narcísica. A suspensão do amor ao Eu é outra das condições do amor cristão. São Bernardo, citado por um autor que agradava Lacan, Étienne Gilson, em seu texto *O espírito da filosofia medieval*, resolve-o desse modo:

> Dizer que se o homem ama necessariamente a si mesmo não pode amar a Deus com um amor desinteressado é esquecer que amar a Deus com desinteressado amor é para o homem a verdadeira maneira de amar a si mesmo. Todo o amor próprio que guarde o faz diferente desse amor de Deus que é Deus; todo amor por si mesmo que naturalmente abandone o faz, ao contrário, semelhante a Deus. E por aí se faz semelhante a si mesmo (Gilson, 1981: 276).

Em sua pureza, essa lógica nos diz que só abandonando o amor de si o sujeito pode se encontrar consigo mesmo.

Conclui Nygren: "o amor ao próximo, por sua própria natureza, já é fundamentalmente amor ao inimigo", isto é, ao radicalmente outro. Nosso autor se pergunta então se por acaso se pode chamar *ágape* tanto o amor de Deus com relação à criatura como o da criatura com relação a Deus. E propõe a seguinte distinção entre um e outro:

> Se *ágape* é o amor tão absolutamente espontâneo e totalmente imotivado que manifesta a Cruz de Jesus, então o conceito de *ágape* já não pode ser aplicado à relação do homem com Deus. Em sua relação com Deus o homem nunca é espontâneo, posto que não constitui uma entidade autônoma. Sua entrega a Deus nunca é mais do que uma resposta. Por maior que ela seja, é apenas um reflexo de seu amor motivado por ele e, por conseguinte, não é nem espontâneo nem criador; faltam-lhe todos os signos característicos do *ágape*. Por isso, a entrega do homem a Deus há de receber outro nome, não é o de *ágape*, mas o do *pistis* [fé] (Nygren, 1969: 119).

De forma que o homem responde com a fé ao amor de Deus. Fé e amor não são idênticos, na medida em que só o amor divino é imotivado. A partir dessa perspectiva, a fórmula do amor ao próximo seria: "Agora já não vivo, mas Cristo vive em mim". Em virtude dessa comunhão, "Cristo é o verdadeiro sujeito na vida dos cristãos". Se Cristo é o sujeito, "o *ágape* é um juízo contra o próprio eu e a vida centrada nos interesses do mesmo" (idem: 122-124).

Abordaremos agora a comparação da visão cristã já exposta com *O banquete*, na medida em que está presente ali uma proposta próxima de nossos percursos habituais, situada por Freud em termos de *eros*. Recordemos que, na tradição grega, *eros* se baseia em um mito, o de Zagreu, que é também o de Dionísio. Tem seus antecessores no orfismo, ponto de partida do desenvolvimento de Platão em *O banquete*.

Nygren apresenta-o assim:

> [...] o mito de Zagreu ocupa um lugar central nos mistérios órficos. Segundo esse mito, Zeus tinha decidido transmitir todo seu poder sobre a terra a Zagreu [Dionísio], seu filho. Mas, quando este ainda era criança, os Titãs conseguiram se apoderar dele, mataram-no e devoraram-no. Zeus os golpeou com seu raio e os destruiu, e com suas cinzas fez os homens. Esse mito, ao narrar a morte de Zagreu pelas mãos dos Titãs, poderia passar, em nossa opinião, como explicação do rito central das orgias dionisíacas, que consistia na representação de um deus encarnado em um animal destroçado e devorado (idem: 156).

E depois acrescenta:

> O homem é feito [segundo esse mito] das cinzas dos Titãs e, conseqüentemente, é malvado e ateu; mas nessas cinzas existia um elemento divino de que os Titãs haviam se apropriado; depois, há também um elemento divino na natureza humana (idem: 157).

Qual é o objetivo do *eros* platônico? Diotima, a sacerdotisa que ensina a Sócrates aquilo que ele nos oferecerá depois através do diálogo, propõe uma ascese que não é a cristã: começa pelo encontro de um corpo belo, para prosseguir com a multiplicidade dos corpos belos; isto é, não exclui o amor carnal, ainda que seja apenas um primeiro passo. A passagem opera de um corpo belo para muitos, para aceder à beleza como idéia que nos permite, por sua vez, ascender às formas superiores do espírito até o encontro com a Idéia, ali onde o que vive em nós da divindade finalmente se encontra com ela. O objetivo é a reunião final da alma e da divindade, sua fusão. Trata-se da dupla natureza do homem, da origem e da qualidade divina de sua alma, assim como de sua libertação em relação ao mundo sensível e sua ascensão para a pátria divina da qual é originário, desenvolvimento que recorda certas formulações da mística católica.

Façamos um quadro comparativo entre o amor segundo essa perspectiva helênica e o *ágape*. No *eros*, o homem está no centro das relações que o unem à divindade; a distância que o separa dela não é intransponível. As naturezas humana e divina são semelhantes: um ser humano bem pode ser uma criatura divina fortuitamente tentada e distraída pelas realidades sensíveis que a rodeiam. Voltar a si mesmo, por essa perspectiva, é voltar a Deus; tal é a orientação natural da satisfação e da felicidade do homem, não há solução de continuidade entre o humano e o divino. Por maior que se possa imaginar a diferença entre uma e outra ordem, ela continuará sendo relativa; sempre fica aberta a possibilidade, para o ser humano, de elevar-se pouco a pouco até alcançar uma semelhança cada vez maior com Deus, aproximando-se, progressivamente, da divindade.

O que acontece no *ágape*, no amor cristão? Ele corresponde a uma concepção teocêntrica, uma vez que tudo se move nela ao redor de Deus. Existe uma linha absoluta de demarcação que separa a criatura de seu criador; a simples idéia de chegar até a divindade representa uma marca de orgulho titânico, que, longe de estabelecer uma relação entre o homem e Deus, constitui, ao contrário, o maior sacrilégio. Só Deus pode lançar uma ponte por cima do abismo; essa é sua graça, o "amor imotivado", cujo benefício não se funda no mérito de criatura alguma e, por isso, equivale à Graça. Não há verdadeira comunhão com Deus fora do *ágape* que sua Vontade concede ao homem.

Algumas distinções se impõem: a partir da perspectiva platônica, *eros* corresponde ao desejo, à aspiração ao reencontro com o Outro divino, enquanto o *ágape* é entrega de si, amor desinteressado. *Eros* tende para o elevado; *ágape* vive da vida divina e por essa razão se atreve a perder sua vida. *Eros* é a via do homem para Deus; *ágape* designa, em primeiro lugar, o amor de Deus em relação ao homem. Inclusive quando o *ágape* tem por objeto o homem ele revela os traços do amor divino. *Eros* implica o esforço que supõe a salvação por obra do homem; *ágape* é soberanamente independente de seu objeto, dirige-se tanto aos justos como aos pecadores, é amor não motivado. *Eros* equivale a um amor egocêntrico, uma espécie de afirmação de si em sua forma mais alta, mais nobre, elevada e sublime; *ágape* ama e cria o valor de seu objeto. Quando Deus nos ama, em primeira instância ama os pecadores, e a valorização da qual podemos ser objeto obedece a esse amor. *Eros* quer conquistar sua vida, uma vida divina e imortal; *ágape* equivale a sacrifício. Ainda que tenha Deus por objeto, *eros* revela os traços do amor humano. *Ágape*, ao contrário, é a via de Deus para o homem.

Uma vez feitas essas distinções, seria lícito perguntar o que essa referência a Deus tem a ver conosco, que partimos do aforismo segundo o qual "o Outro não existe", às vezes levado ao extremo em termos de: não há gozo do Outro porque não há Outro.

Faz algum tempo afirmei, com ironia, que todos nascem crentes; a inexistência do Outro não está de saída, mas é o resultado de uma operação que denominei "esgotamento do Outro". Avançar por essa perspectiva na direção de uma cura psicanalítica é, ao mesmo tempo, encontrar-se com "o impossível esgotamento do real", como afirma Lacan. Há outro que nos comanda, que não é o Outro, mas o real da pulsão. Alertarão que o percurso que proponho se assemelha ao que nos ensina Lacan quando se aproxima de Saussure, de Jakobson ou da topologia. Ele reconhece então que sem Saussure e os conceitos da lingüística – o significante, o significado, o signo – jamais poderia fazer nada. Mas nos damos conta de que a teorização lacaniana, pouco depois, se afasta da proposta de Saussure. Para alguns, isso corresponde ao fato de que o elogio não era mais do que uma tática – mas estão equivocados. Se Lacan pode propor uma inversão do signo saussureano – o significante em cima, o significado embaixo, sem o ovóide que os encerra em uma relação biunívoca –, é graças à formulação de Saussure. Nós, de nossa parte, poderemos avançar em algo distinto do sacrifício que o *ágape* cristão pede, mas não vamos renegar o valor presente nos textos do pensador cristão.

Primeira questão: para nós também serão válidas as duas sentenças do mandamento cristão. O enunciado "Amarás a Deus" tomará a forma de "Não desconhecerás esse real que te comanda", já que este é impossível de esgotar e não admite descanso, ainda que o neurótico costume crer que sim. Certa época, havia a publicidade de uma companhia de aviação: "Poupe seu dinheiro com análise, faça uma viagem". Não obstante, pode ocorrer que alguém esteja na praia, descansando, acreditando por algum tempo que se trata da felicidade, mas à noite dorme, não pode controlar seus sonhos, o pesadelo retorna.

Voltarei depois a essa questão; vou me ocupar agora da segunda parte da sentença, a que envolve o próximo, o outro invocado como iminência intolerável de gozo. Estamos imersos em uma tradição cultural que nos transmitiu com insistência, desde que nascemos, "Amarás o próximo como a ti mesmo". Trata-se de um preceito que no contexto cristão exige, levado a seu extremo, a abstenção da carne para a salvação da alma. Partindo da nossa perspectiva, a carne implica o registro pulsional e, como tal, é inexorável. Além do mais, nossa questão não é precisamente a salvação da alma, a qual consideramos uma variante da afirmação egóica. Dizemos "não" à abstenção da carne para a salvação da alma; dizemos "sim" à canalização do gozo que justifica a existência. Paul Valéry, citado em *Subversão do sujeito e dialética do desejo*, afirma: "Estou no lugar de onde se vocifera que 'o universo é uma falha na pureza do não ser'". E Lacan pontua: "E isso não sem razão, pois, ao conservar-se, esse lugar faz enlanguescer o próprio ser; chama-se gozo e é aquele cuja falta faria vão o universo" (Lacan, 1966: 819).

A partir de nossa perspectiva, que não busca o sentido em um Outro que o garanta, onde se fundaria a razão para suportar as dores da existência, a impureza do ser? Segundo Lacan, na obtenção de uma cota de gozo. Assim, o amor ao próximo designa minha necessidade do próximo. Aprendemos muito cedo que *o homem é o lobo do homem* – sabemos que convém guardar nossos brinquedos quando vem um amiguinho...; mas difícil é reconhecer – dificuldade que concerne a todos, mas, desgraçadamente, mais ainda a alguns intelectuais de esquerda – quando necessitamos do outro. Como assinala muito bem Todorov, referindo-se nada menos do que a Georges Bataille e a Maurice Blanchot, "eles podem chegar a reconhecer ao máximo a maldade do ser humano, mas o que não podem admitir é quando precisam do outro para sustentar-se na vida, seria confessar sua dependência do outro".

Nessa mesma perspectiva se alinha Montaigne, para quem o mais recomendável é retirar-se num castelo e renunciar ao outro; sem dúvida, entendemos que se refere a renunciar ao outro que aturde. Mas só igualamos o outro a isso? O ser humano ama o próximo porque precisa dele para canalizar o gozo que justifica a existência, a iminência do gozo e, ainda mais, quando uma análise chega aos trechos finais – estou falando do esgotamento do Outro e do impossível esgotamento do real –, funda a demanda necessária do outro. Até o roqueiro de aparência mais hostil precisa pelo menos de outro como ele com quem compartilhar essa atitude. Acrescento conseqüentemente: esse impossível esgotamento do real, essa necessária canalização do gozo que justifica a existência, que funda a demanda necessária do Outro, tem um antecedente: a demanda incondicional do Outro primordial.

Faço, a propósito dela, uma pergunta: quando uma mãe quer um filho, quer somente o falo que o pai não lhe deu? O amor se reduz a isso? Vamos voltar a esse ponto mais adiante, a propósito do tema do amor de mãe em *Medéia*, a tragédia de Eurípides.

Estamos questionando lugares *clichês* de nossa teoria. Trata-se, quando falamos do amor ao próximo, de algo que escrevemos assim:

$$\not{A} \longrightarrow a$$

Cabe dizer que uma análise consiste na passagem que vai de um Outro ao outro – esse outro com minúscula que é o objeto a. Não obstante, no meu entender, esse outro não se reduz à dimensão do objeto a, já que apreender sua eficácia – em primeira instância a de um pacote de gozo, para terminar sendo a de um vazio – supõe descobrir a inexistência do Outro e a necessária invocação do outro.

Quando leio de modo diferente esse avanço que vai do Outro ao outro, estou falando do trajeto pelo qual o sujeito sai de sua fixação fantasmática ao objeto de gozo do Outro. Coloca-se ali essa questão: o que acontece com a pulsão em alguém que chegou ao final de sua análise? Avanço um pouco mais e pergunto: como distribui seu gozo com os outros com os quais compartilha a cena?

Antecipemos: o Outro primordial, quando deseja um filho, pode desejá-lo como o equivalente desse lugar que escrevemos com essa letra Φ (falo). Mas é só isso?

Trabalhando os três registros do chamado paradigma lacaniano, o do Imaginário, do Simbólico e do Real, encontramos que Lacan define o Imaginário pela consistência; o Simbólico aparece situado em alguns momentos como furo, em outros como a insistência, o significante quando retorna; enquanto é inerente ao Real a existência, o que ex-siste, aquilo que está fora do Imaginário e do Simbólico. Nos últimos anos, quando redefine a estrutura, concebe um mundo constituído pelos três registros. O nó todo passa a ser então o Real, o Real da estrutura.

Recordo aqui um texto clássico de Freud, *A negação* (Freud, 1925: 251), que descreve o *juízo de atribuição* e o *juízo de existência*. O primeiro predica os atributos de um sujeito, pode dizer então que uma mãe tem ou não tem falo. Através do segundo, o sujeito busca no real o objeto que coincida com sua representação. No meu entender, é o objeto que o constitui como existência. Quando me dirijo ao outro, eu o invoco como próximo, busco nele algo que corresponde à minha existência. Então, "Amarás o próximo como a ti mesmo" não quer dizer "como ao teu eu" – concordamos nisso com o *ágape* cristão –, trata-se de algo inerente ao meu ser.

Havíamos dito que é pela invocação que o outro advém à condição de próximo. Sublinhamos a frase de Lacan – "O próximo é a iminência intolerável do gozo" – para indicar que nada assegura o valor do encontro. Não concordamos com a hipocrisia de um acordo harmonioso e garantido *a priori*, nem aceitamos a alegação do inexorável triunfo do mal que todo encontro representaria.

Em certa ocasião escutei uma exposição segundo a qual o semblante enquanto invólucro desse pedaço de real que é o objeto *a* seria invólucro do horror. E me perguntava se por acaso não é também invólucro de uma tentação que dá gosto à vida. Isto é, o caráter inexorável dessa afirmação não é um fantasma neurótico? O neurótico, que ainda acredita que há Outro, não pode reconhecer que busca no outro algo que lhe é necessário e que dá sabor à sua existência.

Quanto ao *gozo e seus destinos*, vou situando diversos lugares onde podemos encontrá-los. Por um lado, o gozo enquanto sexual é fálico, sentença lacaniana com a qual estamos de acordo. Mas esse gozo não é o único: há um gozo *a-sexuado*, cujo paradigma é o que se denomina em psicanálise a "perversão polimorfa do homem". Ninguém diria que é um mau caráter aquele homem que, parado na rua com seus amigos, ao invés de exclamar "Que mulher bonita vem ali!", dissesse, por exemplo, "Que peixão!"; trata-se de um gozo *a-sexuado*, onde o objeto *a* se situa como tentação ou anzol.

No gozo perverso, quando falamos da perversão como estrutura, o sujeito se situa na cena, por decisão, no lugar do objeto *a*. Em qualquer filme que vocês conhecem, naqueles em que aparece a figura da histérica com o mestre perverso, estrutura clássica, a histérica aprende e o mestre sempre oferece o mesmo: "Eu tenho o instrumento do gozo e o saber acerca desse gozo que te falta"; esta oferta costuma ter muito êxito.

Há outro gozo que Lacan escreve assim:

S (Ⱥ) ←

L̸a femme

Um gozo que tem possibilidade de apontar a mulher no encontro sexual, que Lacan nomeia como gozo extra da mulher ou gozo suplementar. Formulação que nos permite sair de certo reducionismo anatômico ao qual conduzia a tradição psicanalítica, quando propunha a diferença entre gozo clitoridiano e gozo vaginal, algo absurdo porque no momento do gozo – e mesmo para o homem – é o sujeito que é concernido, não se trata de um problema de anatomia. Fica claro em francês, idioma que para se referir ao gozo masculino fala "a pequena morte": não é um problema de localização de órgãos. O *gozo extra* convoca um enigma, sem dúvida estimulante para a reflexão teórica, o de saber em que consiste a lógica que o funda. Gozo da mulher indica o que nela excede a lei, a ordem fálica. Falar de ordem fálica e de lei é, para nós, equivalente.

Também podemos situar uma relação com o gozo em termos de santidade. É aquela que Lacan pretende para o analista. O que caracteriza a posição do santo – assegura – é sua possibilidade de valorar como irrisória qualquer oferta dos pequenos gozos, os a-pressamentos da pulsão.

Temos, por último, aquilo que mais nos interessa nesse ponto do trabalho e que corresponde ao *sinthôme*. Não se trata de um gozo, mas de sua condição. *Sinthôme*, tal como o escreve Lacan, opõe-se a sintoma, vem remediar algo defeituoso que o sintoma denuncia. O sintoma supõe uma ostentação desmesurada na ordem fálica; é uma maneira de admitir, em nossa terminologia, o que São Paulo diz muito bem na sua: "É a lei que nos faz pecadores". O sintoma é o que não anda bem no real por efeito do registro simbólico, é um produto da ordem, da lei. O *sinthôme*, ao contrário, procede de outro lugar.

Quando Lacan afirma, no seminário *Le Sinthôme*, onde aborda o conceito, "*la femme c'est le sinthôme*", está dizendo que um ser vivo pode ocupar esse lugar, o de um quarto anel que corrige uma falha na estrutura. É também assim que situa a escrita de Joyce. O *sinthôme* é uma remediação, como o *sintoma* para Freud. No caso de Joyce, sua escrita adquire valor de ego; vem remediar a carência de fato do Nome do Pai.

Que "*la femme c'est le sinthôme*" vale para a estrutura psicótica e, também, para a neurótica. No seminário anterior, *R.S.I.*, tinha falado da mulher como sintoma. De minha parte, considero que pode sê-lo quando se situa de certo modo, ou *sinthôme*, quando se situa de outro.

Segundo as teses que me interessa trabalhar e que vou adiantando aqui, essas ocasiões em que "*la femme c'est le sinthôme*" constituem um bom exemplo de como o próximo poderia nos ser necessário. Isto é, o próximo situado como esse necessário à minha existência funciona do mesmo modo que *la femme*, quando Lacan enuncia que é o *sinthôme*. O próximo é um risco, nada assegura que vá para esse lugar, mas sua ausência é pior. Enquanto *sinthôme*, o próximo pode ser a ocasião de uma reparação – não falo da reparação kleiniana, que designa a restituição do grande Outro.

Melanie Klein concebe o final de uma análise em termos da reparação do corpo materno. A tese que sustentamos aqui é a do próximo que, colocado no lugar do *sinthôme*, pode ser agente de reparação de um erro no nó. Trata-se de uma reparação de outra espécie. Se o próximo é necessário, mostra em ato um erro necessário do qual sofre nossa estrutura de *parlêtres*.

A diferença do *sinthôme* com o *ágape* cristão reside em que a reparação do próximo não estabelece comunhão com o grande Outro, na medida em que, para nós, no nó do sujeito o grande Outro não existe. A reparação do próximo produz o reencontro do sujeito com seu nó e um nó bem enlaçado reenoda a falta. Dizemos isso através de um aforismo: "Remediar a falha produz o reencontro do sujeito com a falta".

Isso não implica de nenhuma maneira desconhecer o que nos ensina a tradição cristã. A existência do sujeito requer – como a colocação em cena da morte na Cruz demonstra – uma morte que a antecede, sua morte como filho equivalente a Deus. Sua falta em ser sanciona sua existência como sujeito.

A pergunta que não pode deixar de surgir aqui concerne à *sublimação*, a respeito da qual quero destacar algo. A sublimação e o *sinthôme* não são equivalentes: ainda que tenham algo que os aproxima, na medida em que o *sinthôme* implica uma forma de sublimação, nem sempre a sublimação é *sinthôme*. Já mencionamos a especificidade do conceito de *sinthôme* na teoria lacaniana: é sua possibilidade de remediação para um erro da estrutura, e este não é o caso de todas as formas de sublimação.

6.
Enlaces e des-enlaces do amor, o gozo e o desejo

Para avançar em nossa tese é preciso retomar a distinção entre *eros* e *ágape*. No Evangelho segundo São Lucas, o mandamento "Amarás teu próximo como a ti mesmo" costuma vir precedido por outro, "Amarás o Senhor, teu Deus, com todo o teu coração e toda a tua alma". Anders Nygren, comentando detalhadamente a oposição que nos ocupa, afirma que há uma relação entre eles.

De nossa parte, podemos situar esse amor ao próximo como um mandamento contranatural ou podemos considerar que o cristianismo leu algo da estrutura do sujeito, ao que deu a dimensão de um mandamento universal. Se entendermos desse modo, para nós que justamente não nos situamos a partir de uma perspectiva religiosa, a pergunta que surge é onde se situaria esse "amar o próximo como a ti mesmo", um "ti mesmo" que, como dissemos, não coincide com o eu, já que só na medida em que há um desprendimento da instância egóica algo disso é possível.

Se não igualarmos o Outro a uma figura divina, de onde surge, se é que existe, a possibilidade do *ágape*? Qual seria o Outro que viabilizaria esse amor imotivado? Porque, como vimos, é disso que se trata. Levando-o ao extremo, diríamos: um amor que tampouco se funda na falta do Outro.

É para avançar nessa perspectiva que incluímos a seguir um texto de Carlos H. Bembibre acerca da tragédia grega, tema ao qual ele vem consagrando algumas reflexões. Trata-se especificamente de um trabalho sobre *Medéia*, a tragédia de Eurípides. Foi exposto ao longo do seminário "Invocações", realizado na Escuela Freudiana de Buenos Aires (EFBA), durante o segundo semestre de 1998.

Medéia, nossa terrível estrangeira

por Carlos Horacio Bembibre

Inicialmente, quero agradecer publicamente a possibilidade que Isidoro Vegh me oferece de tomar a palavra nesse espaço e nada menos do que em torno de Medéia. Este convite me é duplamente agradável. Não só pela intenção de transmitir-lhes o que pude aprender em torno desse personagem, mas porque o mesmo convite – enquanto resposta a um trabalho que oportunamente lhe fiz chegar, depois de um encontro fortuito onde falamos dos gregos – me permite ratificar que não me encontro sozinho nesse caminho de indagação.

Vou me referir especificamente à tragédia que Eurípides escreveu no ano 431 a.C. e que leva o nome de sua protagonista. Sabemos que Medéia faz parte de um mito relacionado à expedição dos Argonautas comandada por Jasão, que partiu rumo à Colquida para roubar o velocino de ouro. Não vou analisar o mito que concerne a Medéia, mito povoado de variáveis e até ambigüidades, em toda a sua complexidade. Só vou fazer um corte sincrônico na evolução do relato mítico e vou me deter na versão correspondente ao período clássico grego do século V a.C., quando floresceu o teatro trágico.

Em princípio, quero situar Eurípides, porque creio que ele cria o *ethos*, o "caráter" de Medéia. Dos três trágicos cujas obras conhecemos, Sófocles, Ésquilo e Eurípides, esse último é o mais enigmático, o mais elogiado e o mais castigado. Aristóteles refere-se a ele como "o mais trágico dos trágicos"; uns o acusam de misógino, outros de feminista e outros – como Nietzsche – responsabilizam-no pela morte da tragédia. É tão ampla a gama de epítetos contrapostos que lhe são adjudicados que ele se torna enigmático.

Certamente, dos trágicos que nomeei é o que mais obras consagrou às mulheres. Eu não poderia afirmar que é misógino, mas tampouco feminista. Creio que a verdade de Eurípides nos é sugerida por Aristófanes, o cômico. Em uma de suas comédias, *As tesmoforiantes*, ele o mostra como o protagonista que tenta espiar as mulheres reunidas em cultos femininos, em cuja celebração os homens tinham uma participação e uma visão restritas. Essa é a verdade que se insinua na tirada de Aristófanes: Eurípides é um espião sutil, perspicaz, do campo feminino.

Fala-se muito de que, em geral, Eurípides apresenta as mulheres em plena *hybris*, em plena desmedida; mulheres descontroladas – muito mais do que à beira de um ataque de nervos. Retomando essa hipótese, diria que o ponto máximo de desmedida é constituído por Medéia.

O certo é que nessa tragédia Eurípides apresenta em plena *hybris*, em plena "desmedida", uma mulher que ultrapassa os limites, "arrebatada". Excesso que não corresponde à lógica trágica de Ésquilo, segundo a qual alguém assediado por uma divindade expia uma culpa antiga de sua linhagem no marco de um conflito de origem religiosa. Tampouco é a proposta de Sófocles, segundo a qual a ruína do protagonista mostra o efeito que ultrapassar os limites que são próprios da divindade produz em um mortal.

Simplesmente, Eurípides mostra uma mulher lançada pelos trilhos do amor à desmedida do afã vingativo; uma mulher ferida, perdida na exacerbação de sua fúria, sem que intervenha nenhum elemento divino, o que não deixa de ter uma conotação trágica, inclusive nessa mesma dimensão de extravio que Lacan situava no campo feminino.

Porém, se tivesse que dar um título a esse bate-papo, escolheria "Medéia, nossa terrível estrangeira", sublinhando esses três termos: "nossa", "terrível" e "estrangeira".

Efetivamente, do mito que lhe serve para dar conta do horripilante do ato filicida, Eurípides escolhe uma mulher estrangeira. Medéia é uma bárbara, uma *xene* (feminino de *xenos*, "estrangeiro"). E vou parar aqui, antes de entrarmos na tragédia.

O *xenos*, o "estrangeiro", representava dentro da *polis* grega um ponto forte de institucionalização de um laço social regulado não só a partir do político, mas, fundamentalmente, do sagrado. A *xênia*, a "hospitalidade", era uma das leis não escritas que precipitava todo um movimento social alicerçado no sagrado. Era lei sagrada ser hospitaleiro com o estrangeiro. Violar essa lei, sustentada por Zeus Xênios, patrono do estrangeiro, tinha conseqüências.

Duas pequenas referências sobre esse ponto. A primeira concerne ao rapto de Helena por Páris, que desencadeia a guerra de Tróia; a ação bélica se origina nesse rapto, na medida em que um estrangeiro viola as normas da *xênia*. A segunda nos recorda o oráculo que adverte Laio de se privar de ter descendência: trata-se de uma sanção por um erro trágico, por uma *hamartia* cometida por aquele que, segundo Platão, foi "o primeiro que introduziu o *eros* pelos machos". Efetivamente, hospedado na casa de Pélope, Laio seduz e rapta Crisipo, o filho menor, rompendo as regras da *xênia*. Sua ação trágica não está na paixão homossexual de Laio, mas na violação dessa norma sagrada. Essa culpa é a que o oráculo sanciona e será paga com a destruição de toda a família dos labdácidas. Assim, Édipo, ao melhor estilo kierkegaardiano, herda os pecados do pai. À violação de uma lei não escrita lhe ocorre outra da mesma espécie. Apenas na terceira geração Antígona poderá dar uma virada nessa mancha familiar herdada.

Mas o que mais nos interessa do *xenos*, do "estrangeiro", é que encarna uma das figuras do outro. Recentemente tive oportunidade de trabalhar um texto de Jean Pierre Vernant intitulado *A morte nos olhos. Figuração do outro na Grécia antiga*. Vernant retoma ali uma linha de trabalho relacionada com o estatuto, a função e o alcance do outro, do próximo e do semelhante na Grécia clássica.

Esse autor trabalha três potências divinas do para-além – como são: Medusa, Ártemis e Dionísio – em função de um fio comum, sua relação com a alteridade enquanto concernindo – ele nos diz – à experiência que os gregos puderam fazer do Outro, desse Outro que Platão chama em seus textos *to héteron*, não só como oposto ao "mesmo", mas como constitutivo do registro da identidade pessoal.

A partir dessa perspectiva, a *xênia* é a via, o caminho pelo qual uma sociedade definida em função da eficácia da palavra sobre todas as demais ferramentas de poder acolhe, dá lugar, apreende em seu seio alteridade, aquilo radicalmente alheio a si, mas que por sua vez lhe permite fundar sua identidade. A *xênia*, seguindo Vernant, é a

> [...] capacidade que tem a cultura de integrar a ela o que é estrangeiro, de assimilar o outro sem por isso tornar-se selvagem. O outro como componente do mesmo, como condição da identidade de si.

Porém, enquanto a pólis estava sustentada pela eficácia da palavra e a própria palavra era coisa de homens adultos – os cidadãos que se tornam modelo e figura central de identidade –, mulheres, crianças, escravos, estrangeiros ficam como figuras do Outro (o *héteron*). Nesse sentido, Vernant distingue duas figuras centrais de alteridade, uma horizontal – é esta que acabo de colocar – e outra vertical, que estabelece uma diferença entre os cidadãos do alto, morada dos deuses, e os de baixo, campo do caos.

Essas considerações têm sua importância porque então, na própria Medéia, nessa mulher estrangeira, já se evidenciam por dois lados os aspectos de alteridade radical – em sua condição de mulher e de estrangeira –, uma alteridade que nos habita ao passo que não é alheia à constituição da identidade. Daí a primeira palavra de meu título de hoje: "*nossa* terrível estrangeira".

Que estranha fascinação produz a tragédia *Medéia* que explica a sua vitalidade durante vinte e cinco séculos? O que nos apresenta? Que desafio propõe Eurípides com essa mãe assassina de seus filhos? Um Eurípides que emociona e fere nossa soberba egóica arraigada em um vínculo quase sacralizado em toda história da humanidade.

Em princípio, e pensando em termos de apresentação, o prólogo da tragédia, a cargo da ama-de-leite de Medéia, não só registra os principais acontecimentos biográficos da protagonista (a expedição dos Argonautas, a história do velocino de ouro, a fuga com Jasão depois de matar seu próprio irmão, a enganosa incitação às filhas do tio de Jasão para matar seu pai, usurpador do trono, etc), mas, além disso, descreve a atual situação que Medéia atravessa diante do iminente casamento de Jasão e antecipa o *ethos*, o "caráter" de Medéia, temerosa de que alguma desgraça aconteça. Essa antecipação concentra-se em três traços.

Em primeiro lugar, no verso 38, afirma-se: "Sua alma é violenta e não suportará o ultraje", tradução de "Βαρεῖα γὰρ φρήν ". O substantivo *phrēn* designa a sede do pensamento e do sentimento, cuja ausência, dano, deslocamento ou posicionamento fora de lugar constitui um dos pilares do vocabulário básico para situar a loucura. Não obstante, não é com essa acepção que aparece utilizado aqui, mas simplesmente para predicar algo acerca dele. Seu *phrēn* – sua "mente" seria uma tradução aproximada – é *bareîa*, "difícil", "forte", "violenta", "veemente". Primeiro traço com o qual nos introduz Medéia: uma mulher de mente violenta, pronta para estourar diante do ultraje.

A ama-de-leite nos apresenta mais adiante um segundo traço: "Proteja-os do caráter selvagem e da natureza terrível de sua alma cruel" (v. 102-104). Mediante a expressão "caráter selvagem" foi traduzido para o texto espanhol o "ἄγριον ἦθος στυγεράν" euripidiano: literalmente "caráter odioso rústico ou selvagem", "abominável" em outros contextos. *Ágrion* é uma palavra derivada de "ἀγρός", as "terras não cultivadas", os "campos", o que está fora da *polis,* os confins, aquilo que se situa além do civilizado. Depois, "a natureza terrível de sua alma cruel" – por "τε φύσιν φρευὸς αὐθάδους" –, onde encontramos novamente o substantivo *phrēn* no genitivo: "a natureza de sua mente obstinada", arrogante, orgulhosa. Uma obstinação que provém da natureza de sua mente e conduz, por sua rigidez, a um caráter odioso.

Mas o traço chave não só do *ethos* de Medéia, mas do que para mim explica essa fascinação que ela produz modela-se com toda sua força nos primeiros versos postos na boca da ama-de-leite e que depois se concretizam na crueldade do crime da protagonista. É a ama-de-leite quem o antecipa com um predicativo fundamental que diz respeito a seu caráter: "... pois ela é assustadora" (v. 45), tradução verbalizada de um adjetivo chave no campo trágico: *deinê*, feminino de *deinós*, utilizado geralmente para significar algo que inspira pavor, terror, algo temível que causa espanto e ao mesmo tempo assombro – e, em certos contextos, deslumbramento. O *deinon* designa, em qualquer uma dessas vertentes, algo estranho; algo fora de lugar, inesperado; surpreendente, seja porque produz pavor ou admiração. Não em vão, quando Heidegger traduz o primeiro estásimo de Antígona, onde o coro invoca as coisas *deiná* como inerentes ao ser humano ("Muitas são as coisas *deiná*, mas nenhuma é mais *deinós* do que o homem"), ele o formula nos termos do "*Unheimlich*". Algo da ordem do assombroso e do pavoroso é invocado no caráter de Medéia, algo que espanta e que paradoxalmente deslumbra. Não é fácil sua transposição de uma língua para outra; provisoriamente, vamos aceitá-lo traduzido para o castelhano no adjetivo "terrible" ["terrível"]; precisamente, no contexto coloquial do momento, está presente o matiz valorativo próximo da admiração: "X é terrível no esporte", isto é, não só inspira temor, mas sua própria destreza é fonte de admiração, surpreende ao mesmo tempo que é inquietante.

Três pinceladas, então, que esboçam o caráter de Medéia e concernem ao nosso tema: a violência, a selvagem obstinação odiosa como marca do não civilizado e o pavor/assombro. Ali se resume essa alteridade que assombra e provoca pavor, porque é radicalmente outra e ao mesmo tempo nos habita.

Para além desse caráter de Medéia anunciado no prólogo e constatado ao longo da tragédia, quero insistir em dois traços inevitáveis: trata-se, além disso, de uma estrangeira e de uma feiticeira. Uma estrangeira que erra em território estranho, com leis próprias. Uma feiticeira portadora de um saber tangencial ao campo da palavra que se torna intimidador para os cidadãos – leia-se os homens –, modelados pela própria função da palavra.

Efetivamente, a Medéia de Eurípides abandonou, por amor a Jasão, sua terra depois de ajudá-lo a roubar o velocino de ouro com suas artes mágicas e de matar seu próprio irmão. Fugitiva, radicou-se em Corinto – estrangeira em terra estranha. Nos versos 237 e seguintes, diz a protagonista:

> E quando uma mulher se encontra em meio a costumes e leis novas há que ser advinha, ainda que não o tenha aprendido em casa, para saber qual é o melhor modo de se comportar com seu companheiro de leito.

A rústica, a estranha e a bruxa... A estrangeira e a feiticeira... Certa errância no simbólico e certo contato com o real bem poderiam situar a errância feminina.

Medéia, a estrangeira, a enxertada na *polis* fundada pela palavra, a bárbara, é o personagem que Eurípides elege para pôr em jogo o inquietante de uma mulher – quando não o hostil encarnado pela alteridade que traz consigo o estrangeiro –, mantendo uma distância mínima com a platéia, mas suficiente para mostrar, à distância, o ponto mais próximo no que concerne à representação feminina. Uma distância e uma incivilidade que permitem aceitar em um primeiro momento, sem maiores sobressaltos, a desmedida feminina com a qual intenta golpear, sacudir e aturdir o auditório, reinserindo assim na *polis*, com um grito, o que foi um sussurro feminino silenciado no campo social.

Até aqui, as observações deram conta do contexto, do solo onde se apóia a singularidade da ação filicida dessa mulher que conserva certa *atopia*, certa insituabilidade no campo da *polis*. Bruxa, estrangeira, selvagem. *Atopia* de seu *ethos*, não menor do que a *atopia* de sua paixão vingativa.

É nessa mulher estrangeira, feiticeira e selvagem que cresce e estoura o amor. Medéia é fundamentalmente paixão, ali onde amor e ódio, não por se recobrirem, se confundem. Mais ainda, que tipo de amor enlaça essa mulher com Jasão? Que estatuto tem seu ódio? O que precipita o giro de um para o outro na dimensão comum do passional? O texto localiza muito claramente o casamento de Jasão com a filha do rei de Corinto como seu estopim, mas não esclarece nada acerca da especificidade desse ódio que se desencadeia a partir dali, nem desse amor que até então imperava.

Medéia refletia diante do coro de mulheres:

> Uma mulher costuma estar cheia de temor e é covarde para contemplar a luta e o ferro, mas, quando vê lesados os direitos de seu leito, não há outra mente mais assassina (v. 258 e segs.)

"Lesão nos direitos do leito": quando uma legalidade se quebra, é lesada, estoura a fúria assassina. A ruptura de uma legalidade por parte de Jasão é então rapidamente sancionada, não só por Medéia, mas pela ama-de-leite, pelo coro e pelo preceptor. É esse último que lança um verso curiosamente omitido em algumas traduções e que logo se tornou clássico em seu valor proverbial, anterior à máxima cristã que, cinco séculos mais tarde, forjou-se como contraponto. Quando o preceptor entra em cena e interroga sobre o estado de abatimento da ama-de-leite, ao escutar de sua boca a qualificação da conduta de Jasão em termos de "malvada", replica-lhe:

> Acabas de compreender que todo mundo ama mais a si mesmo do que ao seu próximo (v. 86).

Encontramos aqui a outra face da moral cristã forjada no conceito do amor ao próximo que tanto escandaliza Freud, formulação a céu aberto da maldade fundamental que habita o próximo, mas que também opera nesse "si mesmo". Gozo maligno, nocivo, do próximo diante do que afiança e solidifica a vertente narcísica do amor que vela, que escamoteia esse núcleo de gozo igualmente nocivo que habita o sujeito. Por acaso a sentença aplicada a Jasão não poderia ser extensiva e dar conta também da vingança dela? Se o desencadeador desse ódio em que o amor estoura é o novo casamento de Jasão, qual era o terreno amoroso em que se apoiava?

Ao longo do texto, de vez em quando alude-se ao encontro de Medéia com Jasão e ao mitema do roubo do velocino. É Medéia quem, arrastada pelo amor a Jasão, proporciona, com suas poções e artes mágicas, os sucessos do empreendimento que aquele havia encetado, mesmo que isso implicasse trair sua pátria e matar seu irmão para depois empreender uma fuga com Jasão. É uma mulher doadora de recursos, é quem o forjou em sua façanha, quem fez dele um herói e lhe proporcionou o bem-estar; trabalhadora, artífice e administradora de seu bem. Essa Medéia pródiga, essa mulher doadora de bens através dos recursos de sua arte de feitiçaria fez de um aventureiro um herói, o que não deixa de insinuar certo matiz de modelação de sua obra: efetivamente, esse homem tornado herói é, em certa medida, sua criatura... E todo o processo revela um amor suspeito em seu altruísmo, enquanto o bem pretendido no outro se sustenta na condição de continuar sendo a imagem do próprio.

Além do despeito e do ressentimento provocados pelo casamento de Jasão com a princesa, a amarga reprovação que Medéia lhe faz é ter pagado mal o que ela fez por ele; os termos "pagamento" e "compensação" voltam com freqüência em suas recriminações. O intolerável é a caducidade dos juramentos de amor formulados, a traição da palavra empenhada e, sobretudo, ter decidido se casar sem submeter essa decisão à confidência e à consulta dela:

> Seria necessário, se realmente não fosses um malvado, que contraísses esse matrimônio depois de ter-me persuadido, mas não às escondidas dos teus (v. 586 e segs.).

Juramentos que se traem, palavras que não persuadem, pactos simbólicos que se quebram levam o amor a se desamarrar do *logos* e o condenam a desfazer-se na vertente imaginária. Ali, precisamente, quando a imagem do bem que o outro devolve não corresponde à forjada, a identidade pessoal do encobrimento narcísico do amor se desprende. Primeiro reencontro com isso que se torna estranho, malignamente estranho, prejudicialmente estranho: o hostil. Estatuto da radical alteridade onde se ancora. Ali esse amor passional vira para o mais dilacerante ódio.

Certamente, uma leitura inicial da fúria de Medéia leva a acentuar e destacar o papel daquilo que, a princípio, poderíamos chamar ódio. Não obstante, ainda na clara vertente imaginária segundo a qual se desenvolve na peça, podem ser recortados dois tempos que demarcam a junção inicial da agressividade e do ódio, enquanto em um primeiro momento ambos apontam para a imagem especular. Entre um tempo e outro, uma operação que não teve lugar, uma operação fracassada, lança o movimento puro do ódio em que ela sucumbe.

Ainda sem entrar o suficiente nessa convergência inicial entre agressividade e ódio, vale a pena sustentar o peso das perguntas: é o ódio que impulsiona para o ato? É o ódio que leva a querer o mal do outro?

Um primeiro movimento se inicia quando Jasão, seu "bem-amado", forte sustentáculo da dimensão narcísica do amor, ainda na posição de semelhante permanece outro diante dela, fora dela. Medéia quer o bem de Jasão, realiza-o e, contudo, falha. Ele quer outra coisa. Des-amor que questiona não só o saber dela sobre o bem e sua potência realizadora, mas até sua boa vontade, seu próprio ser. Estouro da agressividade desmesurada, revelação da estrutura paranóica do eu. Tentativa de perdê-lo, perdendo-se. Oscilação sem saída entre matá-lo ou matar-se. Não era à-toa que Medéia se detinha nessa oscilação no início da tragédia, sem chegar aos desígnios de seu plano vingativo.

A ausência operatória que não deixa de gerar enigmas se estabelece em relação a Glauce, a nova esposa de Jasão. Que Medéia embarque na agressividade ou no ódio é algo discutível; a falta de cuidados, ao contrário, não. É certo que tanto Glauce como seu pai, o rei, morrem em conseqüência da magia de Medéia, mas essas mortes apontam para o cerceamento daquilo de que Jasão se gabava.

Efetivamente, não existem elementos que permitam reconhecer através de Glauce uma posição terceira nessa relação dual entre o eu e o outro. Essa perda dos contornos da outra mulher, que poderia encaminhar a sustentação desejante a partir da rubrica do objeto de desejo pela via dos cuidados, cancela a possibilidade da pergunta pela singularidade do enigma de uma mulher e precipita bruscamente em constituir classe, em converter-se em pregadora das mulheres, na emblematização reivindicatória da mulher:

De tudo que tem vida e pensamento, nós, as mulheres, somos o ser mais desgraçado (v. 230-231).

As mulheres somos, por natureza, incapazes de fazer o bem, mas as mais hábeis artífices de todas as desgraças (v. 408-409).

Mas por acaso para mostrar uma mulher perdida na paixão amorosa que ultrapassa os limites, que não vacila em recorrer à feitiçaria e à vingança em relação ao amado, o que não conseguia com Fedra? O que Eurípides acrescenta com Medéia? O aterrorizante de Medéia não está só na paixão amorosa de uma mulher levada ao limite da vingança. Além disso, Medéia é uma mãe. Ponto de máxima tensão entre duas arestas que, na resolução catastrófica, a tragédia apresenta como divisão irredutível e insolúvel.

Se nomeava o *ethos* de Medéia, e também sua vingança, como "atópico", "fora de lugar", "insituável", que estatuto dar ao seu filicídio? Como pensá-lo?

Por acaso a maternidade não opera para ela? É uma mãe que não está à altura de sua função? Nada disso. Ainda que diga de si mesma "mãe odiosa", seu ódio não se dirige para seus filhos; em todo caso, seus filhos são cercados e arrastados por seu ódio. Ela os ama, mas fica claro que não é *toda* mãe, e, na medida em que não se faz existir como pura mãe, apresenta-se como a mulher que, tomada pela paixão do amor, mostra, sem véus, sua privação; ponto de sofrimento, quando não do *deinon*, essa mistura de terror assombroso naqueles que pretendem se agarrar a esse ideal feminino da mulher como guardiã dos tesouros e como produtora de cidadãos – e, sobretudo, com olhos, boca e ouvidos fechados.

Porém o que Eurípides mostra de realmente patético com seu personagem é que a ação em que culmina o paroxismo de sua vingança não pode, de forma alguma, ser pensada em termos de loucura. Pelo menos não segundo a concepção de loucura que tinham os gregos, originada em uma exterioridade sofrida, exterioridade intrusiva do divino no humano. Sob nenhum ponto de vista Medéia poderia comparar-se a essa condição. O texto não recorre a nenhum dos termos clássicos que designam a loucura e o louco para apresentá-la, muito menos seu sofrimento é efeito de uma ação obnubilada, cometida por intrusão da divindade e da qual Medéia, ainda sem se culpabilizar, se fará responsável. Ela conhece bem a magnitude, o alcance e os efeitos de sua ação, até os antecipa. Não é uma criatura subjugada pelo divino e desencaminhada. Mesmo sendo descendente de uma divindade, sua ação não é inspirada por nenhum elemento divino. Talvez essa seja sua aresta mais humana; talvez essa seja justamente a via para pensar o trágico por uma outra vertente, diferente da clássica catástrofe, da ruína da criatura humana arrastada pela divindade. O certo é que, com esse personagem e com esse modo de ação, Eurípides lança para sua platéia algo da ordem do intolerável. Insisto, seria mais tolerável se fosse apresentada como louca, mas não é isso que o autor nos propõe.

Em todo caso, o mais próximo da loucura deve ser situado no próprio substrato no qual sua ação filicida se apóia e que constitui, ao mesmo tempo, seu auge: a paixão amorosa, paixão que irrompe como exterioridade e da qual se padece. O ponto de interseção entre loucura e paixão, o que as duas têm em comum, está no invasor externo e quase autônomo que ambas supõem; aquilo que não pertence à pessoa, que existe por si mesmo. Efetivamente, se fosse uma questão de loucura seu ato perderia a força que tem diante dos olhos de Jasão; seria atribuível à obnubilação, mas não à vingança sobre a descendência, precisamente aquilo que Jasão privilegia.

Se Medéia consuma sua agressividade com a morte de Creonte e de Glauce, com a de seus filhos veicula o ódio; não orientado para eles, mas para Jasão, que enquanto *i(a)* suporta a dialética narcísica da identificação/agressividade, mas, também dá apoio, a título de imagem, ao ponto de partida do ódio que inicia sua diferenciação com o agressivo toda vez que através da imagem se dirige a um para além do imaginário.

Já quase no final da tragédia, quando Jasão reclama os corpos de seus filhos para realizar as honras fúnebres e ela os nega, produz-se este diálogo (v. 1395 e segs):

> Jasão: Entro, privado de meus dois filhos.
> Medéia: Teu lamento não é nada ainda; aguarda a velhice.
> Jasão: Oh! filhos queridíssimos!
> Medéia: Para a mãe deles, não para ti.
> Jasão: E por isso os mataste?
> Medéia: Para causar-te dor.

Que dor Medéia persegue em Jasão? Qual é o pagamento que exige diante da dor sofrida pelo abandono dele? Para o que sua vingança aponta? No texto, é exibido um plano progressivo no qual sua fúria vingativa dá curso ao despeito amoroso. Uma passagem é operada, a que vai do desejo de morrer ao de aplicar o castigo que Jasão supostamente merece: matá-lo junto com sua nova esposa e seu novo sogro... castigo que finalmente se converte no de deixá-lo vivo, mas sem filhos, com uma dor que cresce dia a dia.

Não bastou então tirar-lhe sua nova esposa e o acesso ao poder de Corinto que esse novo casamento lhe permitiria; agora se trata da morte de seus filhos, e o castigo tampouco termina aí. É tudo isso e um pouco mais. Não só se os arranca; junto com eles se arranca também a dimensão do projeto, a dimensão do filho como promessa; daí a alusão ao terrível da dor na velhice. E, não obstante, nesse "pouco mais" da vingança que nem sequer pode saborear, ela, por sua vez, se perde.

Pela perspectiva de Jasão, mortos seus filhos, morto o amor de Jasão por Medéia, morta sua nova esposa, nenhum outro possível filho poderá chamá-lo "pai". Ele, que se vangloriava de seu "destino famoso", que centrava todo o seu projeto em "não precisar de nada", em dar aos seus filhos educação e um lugar de privilégio na *polis*, em perpetuar esse destino em sua descendência, é ceifado pela raiz, arrasado em sua subjetividade, para além da dor. Medéia não lhe dá nem sequer a possibilidade de realizar os rituais fúnebres, marca da dignificação do sujeito em tempos de luto.

Se a agressividade apontou para a imagem, o ódio – tomando-a como suporte e a partir do não especularizável – tendeu a eliminar todo traço de inscrição simbólica, atacou a ordem simbólica em cheio, na medida em que e enquanto a partir dessa segunda morte que lhe dirige, mais devastadora do que a própria morte, o próprio Jasão fica marcado, reduzido ao que não é: nem pai, nem marido, nem aspirante ao trono, nem sequer parente. Jasão cai abruptamente no in-mundo.

Filhos: substitutos de uma falta estrutural e linha de chegada da solução freudiana do Édipo feminino. Mas por acaso esse substituto fálico subsume seu ser? Então, não é pela via da maternidade que alguém pode se declarar mulher, enquanto sua própria declaração conota um posicionamento subjetivo em relação ao falo em termos de não tê-lo. Efetivamente, fazer-se existir como mãe é se apresentar como A mulher, enquanto possuidora.

Ali aponta Medéia e talvez nisso resida sua inflexão catastrófica. Desprende-se do que tem, prescinde dessa falicização que, se não dá conta de sua declaração sexuada, pelo menos poderia ancorá-la em algum ponto frente ao ilimitado de seu ódio passional, ao ilimitado disso que os gregos pensavam como rústico, fora da cultura; ódio que, então desmesurado, chega ao paroxismo desse "pouco mais" que dirige a Jasão, ainda que nesse "pouco mais" ela se extravie, ainda que esse "pouco mais" a lance numa errância fugitiva, selvagem, "arrancada" da *polis* e do civilizatório, amarga e perpetuamente sofredora da privação de seus filhos.

O *deinon* – o terrível – e Medéia se aproximam. O risco é ficar só com a aresta deslumbrante do *deinon* e pretender sustentar ali uma posição de admiração diante desse desprendimento do fálico que supostamente apontaria para o estatuto da verdadeira mulher – como sustentam alguns analistas –, o que não só se torna antitrágico, mas se volta rapidamente para uma exaltação romântica da feminilidade e da construção de uma espécie de ideal perigoso, dado que tira a clareza do limite sutil entre feminilidade e loucura.

Essas deliberações que provocam horror e sofrimento, nas quais Medéia se vê submersa, essa profunda cisão entre ir adiante com sua vingança ou agarrar-se a seus filhos, essa mesma divisão estampada com crueza no texto é o que nela dá conta do trágico, desse "certo extravio". É a divisão estrutural feminina que não se resolve anulando um dos pólos; é precisamente essa tensão irredutível entre o ter e o vazio que possibilita um trânsito, uma passagem oscilante entre uma aresta e outra... talvez até o encontro com um gozo feminino, mas na condição de não prescindir do gozo fálico que dá limite à exacerbação enlouquecida que a impele para a sua ruína.

Uma estrofe do coro reflete sobre o excesso passional da protagonista:

> Os amores demasiado violentos não concedem aos homens boa fama nem virtude. Mas, se Afrodite se apresenta com medida, nenhuma outra divindade é tão agradável (v. 627-632).

Amores violentos, reprovados pelo coro. Os amores de uma mulher desmedida, os amores desmesurados. Grito de mulher que perturba, quando não intimida. Efetivamente, tal como o coro propõe, trata-se de Afrodite, mas com medida... medida fálica, único limite que pode demarcar essa exaltação feminina para que, ainda servindo-se dela, esse outro campo para além do *logos* possa se tornar propício para seu grito; talvez com certo extravio, mas não necessariamente implicando sucumbir a seu prescindimento.

Em última instância, creio que seja válido resgatar uma frase dessa mulher mal-dita. Especificamente os versos 889-890, nos quais Medéia se mostra em sua plenitude:

> Mas somos o que somos; não direi uma calamidade, mas simplesmente mulheres.

Atopia de Medéia. Insituabilidade. Tentativa desesperada de constituir classe, de remeter o incomensurável de sua paixão amorosa, desse amor singular, ao contexto mais generalizado de um suposto padrão de medida feminino no qual se sustentar. Excesso passional que a lança nos trilhos de uma paixão desenfreada, na qual perde e se perde.

Medéia e as múltiplas facetas do *deinon* não apenas se estreitam, mas se fundem, cegando o espectador com esse amálgama de terror e assombro no ponto mais espinhoso e aterrorizante.

O anel trágico se fechou. O presságio da ama-de-leite se tornou claro. Ela temia pela ação que sua senhora ferida pudesse chegar a tramar. Angustiava-se e inquietava-se pelo imprevisível de sua ação e inclusive concebia no terreno do possível sua própria morte, o assassinato de Jasão... ou algo ainda pior.

É nesse "algo ainda pior" não profetizado, mas registrável, que se materializa o *deinon* de Medéia, a dimensão do imprevisível que a habita não só para a ama-de-leite e Jasão, mas também para a própria Medéia. O imprevisível de sua maquinação, na qual se tramita o ódio; imprevisível enquanto não calculável, enquanto se desprende de toda medida.

Se Eurípides incomoda, é precisamente porque, mesmo quando se dirige à *polis* para movê-la desse espaço representacional feminino que a habita, mesmo quando transforma em rugido esse grito de mulher sufocado, suas mulheres trágicas não formam uma classe. Não há denominador comum entre elas. Quebra e ruptura definitiva do *génos gynaikón* ("raça de mulheres"), dessa "funesta estirpe e raça de mulheres, grande calamidade para os homens" de Hesíodo, que tanto havia se arraigado entre os gregos.

E não só entre eles, vocês poderão dizer. Acontece que pensá-lo e demarcá-lo em outro tempo e em outro espaço, pensar que Medéia era quem encarnava o *héteron* para os gregos é sempre tranqüilizador. Não obstante, eu proporia como título "nossa" Medéia, na medida em que uma mulher sempre provoca essa dimensão do *héteron*.

Considero que Eurípides, com suas mulheres trágicas, está dizendo que não há classe possível. Não há padrão de medida feminino. É um grito de mulher, outro grito de mulher e outro grito de mulher.

7.
O amor visceral

Fizemos referência a narrativas – quer se trate da Bíblia, da tragédia grega ou do Novo Testamento – que têm mais de dois mil anos. Essa continuidade no tempo nos indica que algo de nosso ser está implicado ali, algo do Real que nos habita.

Recorremos a Medéia porque podia nos ajudar a compreender o que de nossa estrutura o *ágape* ao mesmo tempo oculta e mostra: um amor que não se funda na falta. Há algo no encontro com o próximo que tem a ver com esse amor do *ágape*, não redutível ao que conhecemos como a dialética do desejo e da falta.

Vamos retomar o texto de Carlos Bembibre, essa Medéia "nossa", "terrível" ("*terrific*", à maneira dos americanos, ou "terrível", como dizem os adolescentes, no duplo sentido daquilo que nos espanta, mas também nos atrai), e "estrangeira", mas cuja estrangeirice nos convoca.

Graças ao percurso esboçado até aqui, será mais fácil para avançar na letra do texto atender à progressão que mostra a chave que Medéia representa. Resumindo a conclusão a que chegamos direi que Medéia reintroduz na ordem da *polis* o grito des-en-laçado de uma mulher. Esta é a tese, dita com minhas palavras, da tragédia comentada.

Da *Medéia* de Eurípides cabe dizer o mesmo que dos textos bíblicos: espanta a sua vigência, comparada à rapidez com que envelhecem outras páginas que nos pareceram apaixonantes e em poucos anos nos são insignificantes, cheias de lugares comuns. Se um texto subsiste dois mil e quinhentos anos, é porque revela algo muito importante, algo que nos toca.

Efetivamente, quando alguém lê *Medéia* descobre que não pode impedir certo estremecimento. À medida que o texto avança, assoma algo da ordem do horror. Conhecemos o final, não obstante da mesma forma nos comove; surpreende-nos com um sabor amargo.

Vou assinalar, em diferentes lugares da obra, sua progressão. A genialidade do autor nos conduz, com perplexidade extrema, a esse ponto onde a letra do texto vai revelar – assim espero provar diante de vocês – qual é a chave onde se enoda aquilo que Medéia representa.

Como já vimos, a ama-de-leite antecipa desde o começo o perfil da protagonista, o *deinon* onde se juntam *Heimlich* e *Unheimlich* segundo uma referência a Heidegger e à sua tradução. Medéia era selvagem, assustadora e violenta. Depois de tal apresentação fica-se predisposto a se deparar com algo que vai irromper, alguma violência que irá se instalar. Em uma boa obra de teatro o que se põe em cena encontra sua razão de ser, sua motivação. Trata-se das leis mínimas de uma boa obra: se em cima de uma escrivaninha há uma tesoura que pode ser um punhal, em algum momento funcionará como tal. Algo não demasiado diferente do que acontece com essa outra cena, cotidiana para nós, a da prática da análise. Qualquer analista que tenha seu tempo de experiência sabe que tudo que ali se coloca é necessário para o que nela transcorre. Por exemplo, a maneira de se vestir de um analisando, as cores com que se apresenta não são pequenos detalhes. É bom que o analista permaneça atento a esses aspectos, que não faça pré-julgamentos; caberá a ele escutá-los, porque fazem parte do relato.

No início da obra afirma-se:

> E Medéia, a desgraçada, objeto de ultraje, chama aos gritos os juramentos, invoca a mão direita dada, a maior prova de fidelidade, e põe os deuses como testemunhas do pagamento que recebe de Jasão (v. 20-25).

Trata-se de um personagem que sem dúvida tem traços temperamentais, mas que, além disso, enfrenta um acontecimento. Não se trata somente da eficácia de seu temperamento, explicável pela genética ou pela biologia de nossos dias. Há algo que irrompe atualmente e não é qualquer coisa, é um ultraje. Há um sujeito que foi vítima de um ultraje.

Em que consiste esse ultraje? Essencialmente, é definido com o "ultraje do leito", o que não é tão simples de entender. A obra, à medida que avança, vai nos indicar que esse ultraje do leito admite uma série de conotações que o especificam.

A ama-de-leite diz desde o começo: "A desafortunada aprende através de sua desgraça o valor de não estar distante da terra natal" – Medéia era estrangeira em Corinto, vinha de Colquida –; e continua: "Ela odeia seus filhos e não se alegra ao vê-los, e temo que vá tramar algo inesperado" (idem). Ela odeia seus filhos? De minha parte, não estou tão certo. Recordemos que é uma tragédia bem preparada e nessa qualidade, como diria um amigo que é autor de teatro, Ricardo Hana, implica que cada um dos personagens se mostre com suas contradições. O oposto de uma boa tragédia são os velhos filmes de *cowboys* onde o mau é mau e o bom é bom desde o início até o final. Ao contrário, numa boa obra de teatro, cada personagem experimenta não só o conflito com o outro, mas, além disso, consigo mesmo. Costumamos dizer, brincando: por que motivo é tão difícil dois seres humanos estarem de acordo? Porque não há ninguém que esteja de acordo nem consigo mesmo.

Medéia não sofre só o "ultraje do leito". Jasão, que até então era seu marido, a quem ela acompanhou quando deixou sua pátria, por quem matou seu irmão para escapar da perseguição de seu próprio pai; a quem ajudou matando Pélias, porque era seu inimigo; a quem ofereceu suas artes de feiticeira para o melhor aproveitamento de sua façanha, a conquista do velocino de ouro; com quem teve dois filhos; Jasão, então, sem lhe dizer nada, decidiu casar-se com a filha do rei. A esse ultraje, que muitas vezes se nomeia no texto como "ultraje do leito", soma-se a desgraça de que o preceptor nos põe a par:

> Creonte, soberano dessa terra, ia expulsar desse solo essas crianças com sua mãe (v. 70-75).

O ultraje vai *in crescendo*. E acrescenta o preceptor:

> Acabas de compreender que todo mundo ama mais a si mesmo do que ao seu próximo (uns com razão e outros por interesse), quando reparas que seu pai não os ama por causa de seu leito (v. 85-90).

Jasão não ama seus filhos? É duvidoso. Não fiquemos tão rápido com as afirmações psicológicas da ama-de-leite e do preceptor; veremos que na realidade não se trata disso, o que acontece é algo pior.

Medéia avança em sua desgraça e seus gritos:

> (De dentro.) Ai, sofro, desgraçada, sofro infortúnios que merecem grandes lamentos! Ai, filhos malditos de uma mãe odiosa, assim pereçais com vosso pai e toda a casa se destrua! (v. 110-115).

A maldição de Medéia é ao mesmo tempo uma automaldição, porque ela mesma se situa no lugar de um ser odioso. Algo que nos indica que essa mulher está sofrendo uma dor intensa. Ela declara textualmente:

> Ai, que a chama celeste atravesse minha cabeça! Que ganho obtenho em continuar vivendo? Ai, ai! tomara que me liberte com a morte, abandonando uma existência odiosa! (v. 140-150).

Sublinho esta última frase: "Tomara que me liberte com a morte, abandonando uma existência odiosa!". Não é que ela queira morrer, ela quer abandonar uma existência odiosa; a vida não é a mesma coisa que a existência. Se tivermos oportunidade de falar com alguém que imaginou ou levou adiante uma tentativa de suicídio, muito provavelmente o ouviremos dizer: "Eu não quis morrer, mas quero sair dessa existência, não suporto existir assim". Há uma diferença substancial entre a relação com a vida e a morte, por um lado, e com a existência, pelo outro.

Medéia nos esclarece por que essa existência lhe é intolerável depois do verso 225:

> Tudo acabou para mim e, tendo perdido a alegria de viver, desejo a morte, amigas [fala ao coro composto pelas mulheres de Corinto], pois aquilo que era tudo para mim, não o sabeis bem, meu esposo, foi o mais malvado dos homens (v. 225-230).

Se Medéia tivesse deitado no divã, poderíamos perguntar-lhe: por que seu marido era tudo para você? Ela nos corrigiria, provavelmente com um gesto de desprezo, e nos responderia como faz no texto. Não se trata de nenhuma tendência a um amor possessivo. Jasão era tudo porque

> Um homem, quando lhe é incomodo viver com os seus, sai de casa e acalma o desgosto de seu coração [indo ver algum amigo ou companheiro da mesma idade]. Nós, ao contrário, temos necessariamente que olhar um único ser. Dizem que vivemos em casa uma vida sem perigos, enquanto eles lutam com a lança [refere-se ao lugar da mulher, que era "convidada" a aceitar que, para ela, a felicidade era seu marido e seus filhos e, em geral, a organização do lar]. Estúpidos! Preferiria três vezes estar firme com um escudo a dar à luz uma única vez (v. 240-250).

Posição fálica de Medéia que não fala só da dificuldade para enfrentar a inveja do pênis, como afirma uma sentença clássica freudiana, mas mostra também o lugar onde se propõe a essa mulher que consume seu gozo: "Todo o seu gozo deve se dirigir visando a quem você ama e se dedicando a seus filhos". Uma garantia, certamente, de resultado catastrófico se justamente esse a quem se convidou para ser tudo em sua vida se retira. Percebemos a magnitude da armadilha a que essa mulher é levada? Arrisca tudo para estar com esse homem, aceita as regras que a sociedade lhe impõe e de repente se depara com o fato de que aquele a quem ela dedicou sua vida se retira sem aviso.

O *crescendo* no ultraje prossegue: vem lhe falar ninguém menos do que Creonte, rei de Corinto e parte implicada, porque é o pai da nova esposa de Jasão:

> A ti, a de olhar sombrio e enfurecida contra teu esposo, Medéia, te ordeno que saias exilada dessas terras em companhia dos teus dois filhos e que não te demores. Já que eu sou o juiz dessa ordem, não voltarei para casa antes de ter te expulsado para fora dos limites dessa terra (v. 270-275).

Reparemos no modo brutal como essa mulher vai sendo encurralada. Medéia lhe pede que a deixe permanecer um único dia; busca criar suas demandas para que Creonte as aceite:

> [...] pensar de que modo me encaminharei para o exílio e encontrar recursos para meus filhos, já que o pai não tem a dignidade de se ocupar dos seus filhos (v. 340-345).

Ali, como corresponde a uma boa tragédia, Creonte vacila, finalmente concorda que ela fique mais um dia. Já vimos que o mau só perde quando não se anima a ser mau ao extremo; para ser verdadeiramente mau há que ser mau até o final. Se alguém o consegue, então contará com uma estátua, como os Sforza em Milano. O problema se apresenta quando o mau titubeia e busca ser amado; para ser mau, há que se decidir a renunciar a que o outro nos ame – limite do aceitável para o humano.

Creonte, então, aceita o pedido de Medéia, que nos revela algo da maquinação de sua vingança quando se dirige ao coro:

> Crês que eu adularia esse homem se não fosse para proveito pessoal ou maquinação? (v. 365-370).

Fala em nome de Hécate, uma das deusas do inferno, mas o inferno grego não é o judaico-cristão, não é o inferno de São João, não tem a conotação do castigo do mal. Jura por Hécate: “nenhum deles rirá de causar dor ao meu coração” (v. 395-400).

Esse é um ponto chave, recorrente em Medéia: é-lhe insuportável que riam da dor que causam ao seu coração. O lugar da gozação lhe é intolerável, ela não vai simplesmente aceitar, como um palhaço faria, semelhante ultraje. No coro há uma estrofe que permite conjeturar algo da posição que poderíamos atribuir a Eurípides; ainda que seja um bom autor, ele enuncia frases contraditórias. Como assinala Bembibre, há uma discussão acerca de se Eurípides faz a alegação em favor da mulher, contra ela ou se isso lhe é indiferente.

Assim, o coro diz:

> As correntes dos rios sagrados remontam às suas fontes e à justiça e tudo está alterado. Entre os homens imperam as decisões falaciosas e a fé nos deuses já não é firme. Mas o que se diz sobre a condição da mulher se modificará até conseguir boa fama, e o prestígio está a ponto de alcançar a linhagem feminina; uma fama injuriosa já não pesará sobre as mulheres (v. 409-420).

Eurípides nos fala de uma injúria que se projeta na trama social e que concerne ao lugar da mulher, ao perigo que a mulher implica. Medéia assume (cf. verso 889): para ela, mulher e desgraça se identificam. Como diria Santo Agostinho, as mulheres são a encarnação do diabo; se não há mais remédio, coloquemo-las sob os santos sacramentos.

O texto afirma que não foi ensinado às mulheres o canto que foi legado aos homens, com o que poderiam exaltar o valor de sua condição feminina. Em um livro de Alain Didier-Weill (1998), intitulado *Invocações*, o autor menciona que nas mulheres o canto, inicialmente consagrado ao culto dionisíaco, foi um modo de fazer escutar a antiga religião materna no espaço da pólis: retorno do que tinha sido expulso, que retorna como canto e dança.

Quanto a Medéia, a tragédia avança e Jasão preocupa-se, diante daquela que foi sua mulher, com o destino dos seus filhos. Medéia aproveita para dizer-lhe algumas palavras, não das mais doces, certamente:

> [...] e você tomou um novo leito apesar de ter filhos. Se não os tivesse tido te teria sido perdoado enamorar-te desse leito (v. 485-490).

É uma frase enigmática. Poderíamos entendê-la como um julgamento moral, na medida em que um homem que tem filhos deveria ser mais responsável. Mas lhes proponho outra interpretação. Em *R.S.I.*, Lacan nos ensina que o que chamamos "perversão", em sua função propiciadora, é a versão do pai quando este se situa bem, liga, enlaça adequadamente a mãe com seus filhos. Afirma-se ali, então, algo além de um julgamento social.

Escutemos a resposta de Jasão para apreciar o desencadeamento da obra. Quando ela lhe recorda o que fez por ele – Medéia tampouco era inocente, tinha esquartejado o seu irmão para que o pai se entretivesse juntando os pedaços e desse modo pudesse fugir; tinha convencido as filhas de Pélias a esquartejarem o pai e depois colocá-no num caldeirão para que rejuvenescesse, algo que jamais ocorreu –, assegura que o fez por amor, acreditando em sua palavra. Jasão lhe responde:

> No que me diz respeito, posto que exaltas demasiadamente teus favores, considero que Cipris [Afrodite] foi, na travessia, minha única salvadora

> entre os deuses e os homens. Teu espírito é sutil, não há dúvida, mas te é odioso declarar que Eros te obrigou, com seus dardos inevitáveis, a salvar minha pessoa (v. 525-535).

Não é conveniente dizer isso a uma mulher, menos ainda se está desgostosa. Não creio que exista uma companhia de seguros que aceite uma apólice para um homem que diz essas coisas; é pior do que brincar com fogo. A resposta de Jasão significa algo como: "O que você fez foi bom, mas vamos falar a verdade, você estava apaixonada por mim". Coloquemo-nos no lugar de Medéia: "Eu quero arrancar-lhe os olhos, cortar-lhe a língua, fazê-lo em pedaços". A tragédia costuma exagerar os traços, aproximando-se da caricatura.

Jasão depois se justifica:

> [...] eu o fiz com a intenção de levar uma vida feliz e sem carecer de nada, sabendo que do pobre todos fogem, inclusive seus amigos (v. 555-565).

Admite desse modo que não se casa com a filha do rei de Corinto por amor, mas para aceder a uma vida cômoda, porque a condição do pobre carece de graça. Continua:

> [...] e, além disso, para poder dar aos meus filhos uma educação digna de minha família e, ao procurar irmãos para os filhos nascidos de ti, colocá-los em situação de igualdade e conseguir minha felicidade com a união de minha linhagem, pois, que necessidade tu tens de filhos? (v. 560-565).

Em seguida, propõe que Medéia se vá tranqüila com os filhos porque, tendo outros filhos, ele vai se encarregar de fazer reconhecer os primeiros quando forem maiores, por terem irmãos que pertencem à casa real. Cabe resumi-lo assim: "Faço isso para o teu bem, Medéia, por aquilo que mais queres, teus filhos". Acrescenta, para que ela o ame ainda mais:

> Os homens deveriam fazer filhos de alguma outra maneira e não teria que existir a raça feminina: assim não haveria mal algum para os homens (v. 570-575).

A progressão da tragédia é assombrosa: não é possível acreditar no que este homem está dizendo àquela que foi sua mulher. Ela tem a gentileza de lhe dizer como poderia encarar alguma alternativa, chegar a algum acordo:

> Seria necessário, se realmente não fosses um malvado, que contraísses esse matrimônio depois de ter me persuadido, mas não às escondidas dos teus (v. 585-590).

Isto é, Medéia talvez o tivesse aceitado com a mediação do discurso, mas Jasão provocou uma brutal intervenção no Real – instaurou o trauma extremo. A frase de Medéia a coloca em sua dignidade:

> Não desejo uma vida feliz mas dolorosa, nem uma prosperidade que dilacere meu coração (v. 595-600).

Sustenta desse modo seu desejo e seu amor diante de quem a deixa de lado, junto com seus filhos, em função dos bens. Jasão lhe responde:

> Sabes como modificar tua súplica e mostrar-te mais sensata? Que o bem nunca te pareça doloroso [na realidade está falando dos bens: que nunca te pareça doloroso, enquanto houver bens em troca, que teu marido se vá com outra, ainda que isso signifique perder tua dignidade, teus filhos: é a sensatez do oportunismo], nem na boa fortuna acredites que és desafortunada! (v. 600-605).

As damas do coro, que pressentem que isso não pode terminar bem, comentam:

> Os amores demasiado violentos não concedem aos homens nem boa fama nem virtude. Mas se Afrodite se apresenta com moderação, nenhuma outra divindade é tão agradável. Nunca, soberana, lances sobre mim, do teu áureo arco, o dardo inevitável ungido com o desejo! (v. 625-636).

Há algo sublime no amor, mas também há algo do *Unheimlich*, do horror. O texto o estabelece em termos de moderação; para nós – adiantamos – é uma questão de enlace: de acordo com a que esse amor se conjugue, será um amor sublime ou um amor que leva à morte.

Medéia começa a maquinar sua vingança, pensa em matar seus filhos: onde poderia ser recebida depois de semelhante ato? Encontramo-nos aqui com algo que muitas vezes se critica em Eurípides, as irrupções no discurso, na trama, que parecem contingentes, meras digressões: Egeu, rei de Atenas, intervém como personagem desnecessário, mas se inclui na temática que a tragédia propõe. Medéia e Egeu se conheciam, se cumprimentam; ele lhe conta por que se encontra nessas terras: "Buscando o meio de obter semente de filhos" (v. 665-670). Medéia lhe pergunta: "Pelos deuses! Viveste sem filhos até hoje?". Egeu lhe responde que não pode tê-los. Através de uma frase enigmática, o oráculo diz a Egeu que tenha cuidado, "Que não abra o odre...". Medéia lhe conta o que passou com Jasão, Egeu não quer comprometer-se demasiado. Medéia lhe diz: não me protejas agora, me submeterei às regras para chegar ao teu reino, mas necessito do teu juramento de que vais me defender quando Corinto ou o reino de Peleas me reivindicarem; tens que me jurar pelos deuses que não me entregarás. Em troca, te ajudarei a ter filhos. Egeu lhe promete que vai recebê-la porque considera injusto o que ela sofre e parte. Medéia decide então seguir com o seu plano. Segundo a mitologia (isso já não faz parte da tragédia), Medéia deu um filho a Egeu, origem de uma nova história.

Medéia confessa que quer matar seus filhos. Retornamos à pergunta: ama-os ou não? É uma mulher que odeia os seus filhos? O ato é horrível, só aplicável a alguém selvagem que desconhece a lei. Medéia é alguém totalmente alheia a nós ou nos aproxima de alguma coisa nossa que nos horroriza, só transmitido veladamente?

No verso 790, Medéia afirma:

> Agora, não obstante, mudo minhas palavras e rompo em soluços diante da ação que hei de levar a cabo em seguida, pois penso matar os meus filhos, ninguém poderá arrancá-los de mim, e depois de ter arruinado toda a família de Jasão vou embora dessa terra fugindo do crime dos meus amadíssimos filhos e suportando a carga de uma ação tão ímpia. Não posso suportar, amigas, ser o palhaço dos meus inimigos.

Contrariamente ao que afirmava a ama-de-leite, Medéia não está contente em matar seus filhos – e não parece estar mentindo. O verso termina enunciando a razão de seus atos: "Não suporto ser o palhaço dos meus inimigos". E acrescenta algo que já tinha sido destacado como uma forma do ódio: "Assim meu esposo ficará dilacerado com mais intensidade" (v. 815-820). Trata-se de atacar Jasão de um modo que o dilacere ao máximo.

Medéia manda chamar Jasão e lhe pergunta com ironia:

> Por que ser inimiga dos soberanos dessa terra e do meu esposo, que faz o melhor para nós tomando por esposa uma princesa e pretendendo gerar irmãos para meus filhos?
> [...] Agora te elogio e me parece que agiste com sensatez proporcionando-nos essa aliança, enquanto eu tenho sido insensata, pois deveria ter participado dos teus planos e te ajudado a realizá-los, ter assistido as tuas bodas e sentir alegria em ocupar-me da tua esposa. Mas somos o que somos, não direi uma calamidade, simplesmente, mulheres (v. 875-880).

Vou destacar uma frase que se repete duas vezes de modo idêntico e inclusive uma terceira, análoga às anteriores; a frase nos indica o que está se organizando, qual é a razão do que está para acontecer. Do verso 1040 até o 1080, Medéia diz aos seus filhos:

> Ai, ai! por que me olhais com vossos olhos, filhos? Por que sorrides como se fosse o último sorriso? Ai, ai! o que vou fazer? Meu coração desfalece quando vejo o olhar brilhante de meus filhos. Não poderia fazê-lo. Adeus aos meus planos anteriores. Tirarei os meus filhos dessa terra. Por que, para afligir seu pai com a desgraça deles, devo procurar para mim mesma um mal em dobro? Não e não! Adeus aos meus planos!
> Mas o que está acontecendo comigo? Desejo ser o palhaço, deixando sem castigo os meus inimigos? Tenho que ter coragem. Que covardia a minha, entregar minha alma a projetos brandos! Entrai em casa, filhos. A quem a lei divina impeça de assistir ao meu sacrifício, que aja como quiser. Minha mão não vacilará. Ai, ai! não, coração meu, não realizes este crime! Deixa-os, desgraçada! Poupa os teus filhos do sacrifício! Ainda que não vivam comigo me servirão de alegria.
> Não, pelos vingadores subterrâneos do Hades! Nunca acontecerá que eu entregue os meus filhos aos inimigos para ser ultrajada. (É inteiramente necessário que morram e, já que o é, *eu, que lhes dei o ser, os matarei.*)

> [...] Oh mão queridíssima, boca queridíssima, traços e rosto nobre dos meus filhos! Que sejais felizes, mas ali! Vosso pai vos privou da felicidade daqui. Oh doce abraço! Oh pele suave e docíssimo alento de meus filhos! [...] Sim, conheço os crimes que vou praticar, mas minha paixão é mais poderosa do que minhas reflexões e é ela a maior causadora de males para os mortais. [O itálico é meu].

A frase destacada reaparece nos versos 1240-1250, quando ela dá as razões de seu crime:

> É inteiramente necessário que morram e, já que é preciso, *eu, que os gerei, os matarei* [...] Porque, ainda que os mate, *tem em conta que eram carne de tua carne*; serei uma mulher desgraçada. [O itálico é meu.]

As duas primeiras frases e essa última insistem no fato de que seus filhos foram gerados por ela; assim explica por que os haverá de matar com suas próprias mãos.

A cena da morte é terrível, escuta-se um dos filhos dizer: "Ai de mim! o que fazer? Para onde fugir das mãos de minha mãe?"; e o outro que responde: "Não sei, queridíssimo irmão. Estamos perdidos".

Ao final se produz o encontro de Medéia com Jasão, no decorrer do qual ela lhe expressa seu desejo de fazê-lo sofrer ao máximo. Ele, que se envaidecia de possuir uma linhagem, de sua inscrição em uma casa real e de filhos que iam continuar sua família, sofrerá sem descendência. Por ter perdido sua esposa e seus filhos, aguarda-lhe o futuro de uma velhice triste e solitária.

Já sobre o desenlace, para nossa grande surpresa, Medéia é ajudada pelos deuses: Zeus lhe entrega um carro alado para levar os corpos mortos de seus filhos. O comentário final diz:

> Zeus no Olimpo é o distribuidor de muitos acontecimentos e muitas coisas inesperadamente, concluem os deuses. O esperado não se concluiu e do inesperado um deus encontrou o caminho. Assim essa tragédia foi resolvida (v. 1415).

Compreende-se agora por que Eurípides não ganhava os concursos... Essa tragédia deixa um sabor amargo, é terrível, brutal. E por quê? O que é que nos propõe esse relato?

Primeiro, para nos tranqüilizarmos, voltemos a algo conhecido: o nó borromeano em sua forma clássica de três anéis postos no plano:

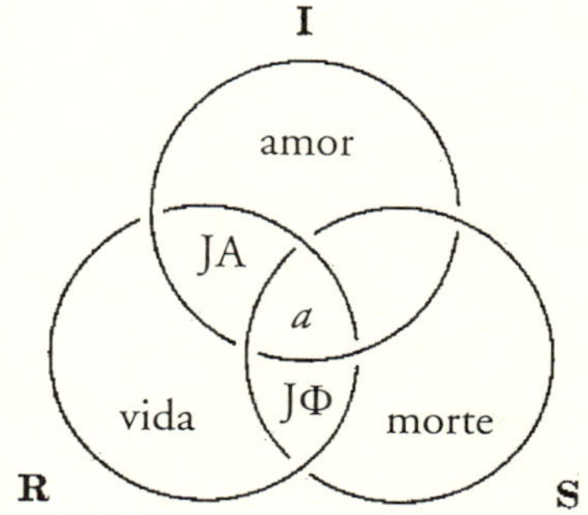

a: mais-de-gozar
JA: gozo do Outro
JΦ: gozo fálico

Trata-se de uma escrita topológica, são cordas no espaço tridimensional, mas nós vamos fazer o que se chama a *mise-à-plat*, a colocação no plano. Escrevemo-la segundo a fórmula conhecida com o terceiro anel que os enoda por cima do de cima, por baixo do de baixo.

Temos assim um nó borromeano de três anéis. Seguindo a escrita a que Lacan recorre na *Troisième*, situamos Real, Imaginário e Simbólico; não é por acaso que o tenha feito nessa ordem: estou dizendo que o Simbólico vem enodar o Imaginário e o Real para constituir o nó. Embora isso seja correto, não exclui outras alternativas. Poderia dizer que o Imaginário vem enodar adequadamente o Simbólico e o Real. Por que fiz desse modo? Por duas razões distintas: se é verdade que o nó vem confirmar, na teoria e no ensino de Lacan, a necessidade dos três registros uma vez constituída a estrutura, isso não impede que o específico do ser humano seja sua referência ao Simbólico. Pomos no campo do Real, *vida*, e no campo do Simbólico, *morte*.

Sublinhemos aqui uma frase de Medéia: "Matá-los-ei com minhas mãos porque lhes dei o ser". Trata-se do ser que em Nietzsche equivale à vida, ao seu acontecimento (Vegh, 1998: 154). Ela ratifica: "carne da minha carne". Quando Lacan escreve o nó borromeano desse modo que desenhamos e põe *vida* no campo do Real, ele faz associações que parecem arbitrárias: remete-nos ao gozo da planta, fala do DNA... O que está nos dizendo? Foi preciso acorrer ao nó borromeano para escrever o real do Real; não o real do Simbólico, no qual poderia se alojar o sujeito do Inconsciente, mas o real do Real – ele faz um chiste a esse respeito: "o Real ao quadrado", assinala. E nesse campo do real do Real, o real do registro do Real, escreve *vida*. Por que não poderíamos escrever aí também o real do corpo, o ser que engendra o ser?

Estou propondo uma tese que implica questionar uma afirmação de nosso querido pai Freud. Digo que quando uma mulher quer um filho não quer apenas o falo que o pai não lhe deu; o amor de uma mãe não é redutível ao desejo de um falo, há algo do ser que funda o amor; é uma afirmação do ser que se quer ser, como diria Heidegger; é uma afirmação da vida. Mas, como nos ensina Heráclito e Lacan destacava, quando a vida se afirma sem o limite do Simbólico, conduz rapidamente à morte. A frase conhecida de Heráclito afirma que *Bios* é o arco da vida e sua obra é a morte. Trata-se da maternidade e do que há de Real no amor de uma mãe. Mas nos ensina muito mais do que isso: o que tem de Real o fundamento do amor.

E cabe recordar aqui a distinção que fazemos entre *Affekt* e *Gefhül*, afeto e sentimento. O afeto diz respeito ao Real. O amor e o ódio afetam o Real; o sentimento é a dimensão imaginária do afeto.

Retomo a frase enigmática, pronunciada pelo Corifeu, segundo a qual o amor é bom quando tem sua medida, de outro modo se torna terrível. Trata-se do terrível do amor quando não tem o limite do Simbólico. Nesse amor fundado no Real, quero o outro como afirmação do meu ser. Algo que também define o ódio, ainda que não sob todas as suas formas, já que depende de seu enlace. Assim, pode-se tratar de um ódio que se dirige ao outro e aspira a sua extinção, na medida em que obstrui a afirmação do meu ser, ou de um ódio que se dirige ao outro para desfazer parcialmente sua consistência, de modo que minha existência como sujeito seja admissível. É o ódio do adolescente que se dirige ao lugar do ideal para encontrar seu lugar como sujeito; é o ódio propiciador, como diz Lacan referindo-se a alguns alunos que não o amam, mas o lêem e não anulam a sua existência.

Na tragédia trata-se do Real do amor de uma mãe, eis aí o horror que Medéia aproxima de nós, horror de qualquer amor quando é só amor fundado no Real.

Nessa mãe que está gemendo quero que escutem o Real de seu amor posto em cena através desse grito que se faz canto. Lacan diz textualmente: "Se querem escutar o Real, escutem uma mulher cantando". Remeto-os à segunda ária de *Stabat Mater* de Pergolesi: a Virgem, a mãe de Cristo, chora pesarosa ao pé da cruz; é uma mãe que chora. Diz assim: "... e em sua alma sofredora, aflita, desfalecida, uma espada afundava". Escutemos ali o grito dessa carne atravessada pela espada da dor. É o que nos chega quando uma mãe perde o seu filho; o grito descreve sua ruptura inconsolável. Trata-se de um luto que se pode elaborar até certo limite, pois uma parte, pela vida, fica como algo da carne que se perdeu.

Como se gera a trama de Medéia? Oferece-se o horror pondo-nos na presença de uma mãe que mata seus filhos, quando a cultura, quase sem exceção, enaltece o amor materno. Valorização legítima, sem dúvida, se consideramos quanto sacrifício, quanto tempo de sua vida e que dom de seu desejo deve operar em uma mãe para que seu filho possa crescer, criar-se. Não obstante, aqui é mostrado como esse amor – e avançamos assim na formulação de nossa tese –, desenodado da ordem fálica, emerge com o que tem de horror. Já não se trata do perigo que representa o estrangeiro, mas do mais íntimo transformado em perigoso quando se desenoda da ordem simbólica, da ordem fálica. Por isso lhes dizia que há uma afirmação de Lacan, no seminário *R.S.I.*, necessária para entender por que Medéia é arrastada para essa posição. Encontramo-la na aula de 21 de janeiro de 1975.

> Mas o que uma mulher a-colhe disso não tem nada a ver com a questão. Aquilo de que se ocupa é de outros objetos *a*, que são os filhos, diante dos quais o pai, não obstante, intervém – excepcionalmente no bom caso – para manter no recalque, no justo *mi-dieu*, a versão que é própria de sua *père-version*, única garantia de sua função de pai, a qual é a função de sintoma tal como a escrevi.
> É suficiente que ele seja um modelo da função. Eis aqui o que deve ser o pai, enquanto ele não pode ser mais do que exceção.
> Não pode ser modelo da função senão ao realizar o seu tipo. Pouco importa que tenha sintomas se acrescenta o da *père-version* paterna, isto é, que a causa seja uma mulher, que seja adquirida para fazer-lhe filhos e que a estes, queira ou não, ofereça cuidado paterno.

Trata-se de um pai que, para se colocar em sua função correta, na versão que lhe corresponde, propicia a relação da mãe com seu filho ao depositar em sua mulher a causa de seu desejo.

Quero destacar algo que me parece que o nó borromeano mostra suficientemente: no lugar onde se recobrem os três furos Lacan escreve "a", coloca entre Imaginário e Real o gozo do Outro (JA), e entre Simbólico e Real o gozo Fálico (JΦ). É fácil deduzir que o destino desse a não vai ser o mesmo se estiver enlaçado com o gozo do Outro ou com o gozo fálico. Se o transportarmos para o amor de uma mãe, podemos dizer que para ela o valor de seu filho será diferente, segundo possa enlaçá-lo ou não na ordem fálica, no que a função do marido pode ser essencial. Quando não consegue, o filho fica reduzido a ser carne de sua carne: o ser, como explica Medéia, engendrado pelo seu ser.

Este amor Real de uma mãe não encontra sua motivação nos atributos da criança; não encontra seu fundamento no substituto fálico que esta poderia representar. É o ser que quer a afirmação como ser, é a extensão de seu ser. Ela outorga, através do seu amor, valor a esses pequenos *objetos a* que contribui para gerar. Situa-se como Outro primordial, fonte primária de um amor imotivado, um amor que não se funda no desejo e que só pode passar a ser um amor enodado ao desejo quando inclui a ordem fálica.

Consideramos que esse amor real está na origem do encontro com o próximo.

8.
O gozo e seus destinos

Aproximamo-nos das conclusões deste texto. O impacto do clamor de uma mãe dilacerada diante da perda de seu filho, como nos faz chegar o *Stabat Mater* de Pergolesi, nos ajuda a sustentar e esclarecer as teses que queremos propor.

Colocaria como eixo desse desenvolvimento a frase segundo a qual "é por sua invocação que o outro advém à condição de próximo", onde esse "*sua*" tem a precisa ambigüidade que lhe permite girar para os dois lados: ser invocado ou ser quem promove a invocação.

Essa questão do próximo nos leva a revisar o valor da máxima cristã que, como dizia Paulo, era suficiente para substituir a lei ou para que, já mais próximo de nós, Lacan dissesse: "Toda ética cristã se resume nessa máxima: 'Amarás teu próximo como a ti mesmo'". Máxima que, se tem algo de benéfico, se o teve inclusive na vida de Cristo, foi porque propôs algo que excedia o valor que essa mesma frase podia ter no Antigo Testamento.

O amor cristão se oferece como um amor que não pode ser resolvido, a não ser graças a um deslizamento fracassado na perspectiva a que nós, como psicanalistas, estamos mais habituados: a do amor que Freud reconhecia no Eros, o amor que se funda na falta.

Essa máxima à qual nos referimos, extensão inadmissível da ordem da lei, sustenta que os últimos serão os primeiros, que amarás os amigos e os inimigos como as parábolas ensinam. Assim, na da vindima, aqueles que se juntavam ao trabalho na última hora recebiam pagamento igual àqueles que haviam começado ao amanhecer; na do filho pródigo, quem retorna ao lar depois de desperdiçar a fortuna herdada é recebido por seu pai com uma festa e provoca a justa irritação do irmão. É um amor cristão que se choca com nossa idéia de justiça.

Seguindo Anders Nygren, trata-se de um amor imotivado cujo fundamento, pelo menos na teologia cristã, é o amor imotivado de Deus. O *ágape* se funda no amor imotivado de Deus, diferença extrema do amor platônico, no qual o sujeito pode, graças a uma ascese progressiva, aproximar-se do Outro. Nessa perspectiva não há possibilidade de aproximar-se de Deus pela via do mérito; é a Graça divina que condescende ou não em nos oferecer Seu amor.

Quando uma religião se sustenta, como é o caso do cristianismo, durante dois milênios, cabe supor que tocou algo forte da estrutura subjetiva. Nossa pergunta, aquela de onde partimos com entusiasmo, apontava para a descoberta do que guarda essa máxima central do cristianismo encarnada por Jesus Cristo e que novidade ela supôs para a civilização. Altera-se a estrutura numa medida ou noutra, teríamos ali a ocasião de nos aproximarmos de algo impensado que nos habita.

Fomos a *Medéia* e ressaltamos, como também no *Stabat Mater*, um aspecto que corresponde à condição do Outro. Vocês dirão: mas então não se trata de Deus... Depois veremos por que podemos fazer essa passagem.

Percorremos aquilo que nos matemas lacanianos se escreve com o A maiúsculo e que pode ser o Outro primordial, a mãe. Vimos que em Medéia ele comparece repetido no cúmulo do horror, quando diz "Como eu lhes dei o ser, eu mesma hei de matá-los", referindo-se aos seus filhos.

Sabemos que, em última instância, aquilo que dessa tragédia desperta nosso horror e nos inquieta, depois de tantos séculos, é que mostra uma mãe matando os seus filhos. Medéia não diz que os odeia, como afirma a ama-de-leite; chora, clama pela dor que sofrerá pelo resto de sua vida por tê-los matado, chama-os "filhos amadíssimos", mas assegura também: "Como eu lhes dei o ser, hei de matá-los com minhas mãos".

O que encontramos como idéia central dessa frase? Sublinhamos nesse sentido – como Carlos Bembibre fez em seu texto – a possibilidade de registrar ali algo disso que se nomeia mulher – depois veremos que conviria falar de *uma* mulher, como nos ensinou Lacan –, que não se inscreve no que chamamos *ordem fálica*.

Sustentamos a tese de que no amor de uma mãe não podemos somente reconhecer a dimensão da falta que a leva a desejar um filho.

Como explicamos o salto do amor imotivado de Deus para essa referência a Medéia ou à dor da Virgem, descrita no *Stabat Mater* como uma espada que afunda nas entranhas, de modo a situar na mesma referência ao real tanto essa dor como o amor de Medéia?

Quando falamos do *real*, não se trata só do real do gozo, mas também do real dos afetos. Dissemos que os afetos afetam o Real, do mesmo modo que a dor. Não obstante, não equiparamos tão simplesmente dor e gozo: há uma dor que pode se converter em gozo e uma dor que é inteiramente dor.

O que nos levou a propor essa homologação do lugar onde é gerado o amor imotivado, seja o de Deus ou, enquanto mães, o de Medéia e o da Virgem?

Cito, do seminário de Lacan, *Le Sinthôme*, um breve parágrafo da aula de 16 de março de 1976:

> Mas há outra barra que consiste em barrar, a saber, ela é como essa barra –$\overline{\exists x}$ $\overline{\Phi x}$–; eu lamento não tê-lo feito da mesma forma em outro lugar, assim seria mais exemplar, ela diz que não há Outro que responda como *partenaire*, estando aqui toda a necessidade da espécie humana de que haja Outro do Outro. Não há Outro do Outro, não há mãe primordial e pai primordial, é isso que se chama geralmente Deus, mas sobre o qual a análise desvela que é simplesmente "La Femme" (Lacan, 1996: 11).

Trata-se do Outro do Outro que o ser humano deseja como garante de um amor. Como exemplo, temos a mensagem tão freqüente nos táxis: "Sorria, Deus te ama". Nós, os analistas, fazemos um pequeno deslocamento quando pomos a foto de Freud e dizemos "Sorria, Freud te ama"... Esse lugar do Outro, que podemos chamar Deus, é também o lugar de "*la femme*", que não existe – diz Lacan –, uma vez que "*la*" [a], como artigo que indicaria a universalidade, é inexistente; as mulheres não fazem conjunto e uma mulher tampouco é um conjunto, há algo em cada mulher que escapa à ordem fálica, à eficácia da palavra.

Encontramos nessa referência uma forma de justificar por que recorremos a Medéia, nós nos perguntávamos onde se gera o amor imotivado.

Vou desenvolvê-lo por outra perspectiva, para depois voltar a essa relação da mãe com o filho e ao amor ao próximo. Entendo que se trata da discussão que Lacan manteve nos últimos anos com os pós-nietzscheanos, dentre os quais os mais célebres são Michel Foucault e Gilles Deleuze. Seus interlocutores privilegiados deixam de ser então outros psicanalistas, como na época de seus seminários *A angústia* ou *A identificação*, quando seu grande opositor era Daniel Lagache – um psicanalista de grande valor, sem dúvida –, ou ainda antes, quando discutia com Kris, Hartmann, Melanie Klein ou Balint, na perspectiva da psicanálise inglesa ou americana. A polêmica que passa a ocupar um primeiro plano toma como eixo o pensamento desse grande filósofo que foi Nietzsche, cujo grande mérito, tal como eu entendo, está em sua revalorização do encontro com o Real velado pelos séculos de idealismo e idealizações.

Nietzsche é o pensador que, no final do século XIX, realiza uma crítica intensa da civilização judaico-cristã, do monoteísmo. Em um texto póstumo, *A vontade de poder* (*Der Wille zur Macht*), ele diz:

> Que se devolva ao homem o valor de seus instintos naturais.
> Que se impeça sua própria subestimação (não do homem como indivíduo, mas do homem como Natureza).
> Que se extraiam das coisas as contradições, depois de compreender que somos nós que as introduzimos nelas.
> Que se suprima completamente a idiossincrasia social da existência (culpa, castigo, justiça, honra, liberdade, amor, etc).
> Progresso para a naturalidade: em todos os problemas políticos, também nas relações dos partidos, inclusive nos partidos mercantis ou de operários e patrões, trata-se de questões de poder: "o que se pode" e, só depois, "o que se deve" (Nietzsche, 1981, *f*124).

Segundo nossa terminologia, a proposta de Nietzsche implica levantar a opressão que os valores da ética e da moral judaico-cristã exerceram ao longo dos séculos na história da humanidade para reencontrar o valor do real de nosso corpo. Essa é a Natureza que Nietzsche reivindica e que Foucault e Deleuze retomarão em um questionamento que nos afeta, porque aponta para uma tese essencial da psicanálise. Para esses pensadores, não há por que sustentar o movimento do ser humano na falta, mas na afirmação da vida: "é o que é sem contradições". O que busca a vida? Propagar-se como tal.

Lacan responde que no ser humano não encontramos o correlato de nada semelhante. Ele escreve assim:

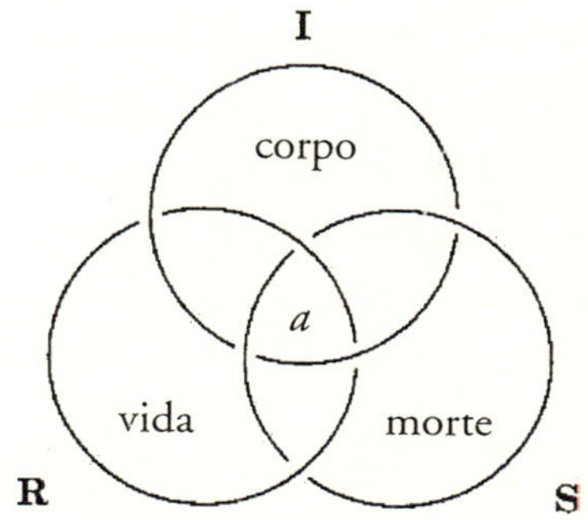

O real do ser humano é o nó. E dá um lugar à proposta de Nietzsche: ele põe, no espaço que corresponde ao real do Real, *Vida*. No início de seu ensino Lacan denominava "real" a uma fisiologia que excluía do campo da psicanálise; agora o reintroduz.

O que Heidegger, por sua vez, diz da proposta nietzscheana? Comenta os aforismos do texto mencionado: "O devir é para Nietzsche a vontade de poder, a vontade de poder é, portanto, a vontade da vida" (Heidegger, 1995: 110). Não é a vontade de ser poderoso, mas a de ter recursos para ser. "Vontade de poder" é uma expressão que foi mal interpretada ou posta tendenciosamente a serviço das leituras de orientação nazista, entendida como a vontade de impor-se ao outro. Porém não se trata disso, mas da vontade de afirmar-se como vida em devir; por isso Heidegger esclarece: vontade de poder, devir, vida e ser, em seu sentido mais amplo, significam a mesma coisa na linguagem de Nietzsche. Quando este critica os valores da cultura que nossa civilização sustenta, propõe recuperar nossa relação com o real e com o real de nosso corpo, inerente ao que chama Natureza e que também chamará Vida.

Segundo nossa leitura, quando Medéia diz "São carne da minha carne", está nos revelando que seu amor de mãe, por um lado, se origina na falta, como em qualquer mulher que é não-toda em relação ao falo. De acordo com Freud, o falo mostra-a em falta; completa-a buscando o filho como equivalente do que o pai não lhe deu. Freud clássico. Porém, por outro lado, quando Medéia diz "São carne da minha carne" e "Matá-los-ei porque eu mesma os gerei", nos confessa que para uma mãe um filho não é redutível a esse falo imaginário que vem corrigir a falta; que para uma mulher um filho é também a afirmação dela como vivente, dimensão real do amor.

Trata-se de uma dimensão em jogo somente entre uma mãe e um filho? De modo algum; oferece-se em qualquer relação de amor e vocês o sentem no corpo, eu: quando nela se produz uma quebra, ela se sente desmoronar, o corpo pesa. O efeito afeta o Real, entendido aqui como real de nosso corpo.

O amor da falta, o que se funda na falta, é o amor de Eros. O amor da vida se equipara ao *ágape*, é imotivado, desconhece a lei. Vem do Outro que produz valor: uma vez que uma mãe ama seu filho como afirmação de seu ser, esse filho adquire valor. A origem do amor ao próximo é esse amor primeiro do Outro; é um movimento em direção ao outro, numa afirmação da existência que sucede a afirmação fundadora de minha vida, de meu ser.

O que estou dizendo com tudo isso? Vou renegar a referência freudiana à castração? De modo algum, apenas indico que ela não pode nem deve nos fazer ignorar que o real também nos constitui em sua eficácia.

Por exemplo, nesses dias em que certa equipe de futebol – a qual não vou nomear para não irritar os que torcem pela equipe adversária – anda muito bem posicionada na tabela, ir ao campo permite registrar muito bem algo sempre presente quando se trata de estádios de futebol: qual é o momento culminante para o espectador? O do gol. As pessoas gritam ao mesmo tempo, a voz se faz uma só. Além do gozo de ganhar da equipe adversária, simples rivalidade, esse momento também implica uma ordem simbólica, pois ganha-se segundo as regras, há também uma afirmação do ser: de repente a finitude do meu corpo se estende à multidão – saltamos todos juntos, nos tornamos uma só voz, um só corpo. Qualquer um que o tenha vivido sabe que implica uma dimensão de elação narcísica de gozo intenso.

Cabe ler de muitas maneiras o mandamento judaico-cristão "Não matarás". Uma leitura seria: se o outro como próximo é uma afirmação de meu ser, sua morte é um pouco a minha. Porém quem é meu próximo? Ali se situa um limite, na medida em que posso eliminar sem problemas quem não reconheça como tal, característica de qualquer fundamentalismo ou racismo.

Em versões menores, essa afirmação do ser, da vida, podemos encontrá-la já em tempos imemoriais ou nos nossos dias. Por exemplo: o que é isso que pode causar a passagem do que se chama um clã, o clã Kennedy, para citar um conhecido, a uma máfia? O que é uma máfia? Tem a estrutura de uma família; não se guia pelo puro egoísmo; o padrinho cuida de seus filhos, de sua mulher, dos sobrinhos, de sua nora, dos netos; não é, portanto, um desalmado. O mafioso pode mostrar um amor intenso aos que são de sua carne, mas essa afirmação desconhece a lei social, não aceita a ordem simbólica do conjunto da sociedade. Não basta a metralhadora para que o padrinho seja reconhecido como tal; tem que obedecer às leis mínimas do conjunto, que lhe exige a afirmação dos laços de sangue, mas desconhece a lei do laço social. É uma forma menor em que se faz presente esse real do Real.

Dissemos que para nós o Real é o nó. Não acompanhamos Nietzsche quando sustenta que se trata de desmantelar todos os valores e ficarmos somente com a afirmação da vida. Certa vez escrevemos que quando a vida é lançada a seu próprio movimento conduz muito rapidamente à morte (Vegh, 1998: 141). Tese de Freud, em *Além do princípio do prazer*, segundo a qual a oposição entre pulsões de vida e pulsões de morte não é mais do que uma distinção no modo como consumam seu percurso: as pulsões de vida retardam o encontro com o final de seu caminho, para obedecer às delimitações da espécie; as pulsões de morte avançam como em um curto-circuito que as conduz o mais rápido possível ao cumprimento de seu fim. Não se trata de retornar a uma filosofia vitalista, a uma visão da vida desenodada; tampouco devemos perder de vista que está em jogo, também, o real do real.

Alguém poderia objetar-me: "Isso que você diz não se sustenta, onde há um ser humano que não seja um *parlêtre*, um ser atravessado pela palavra?". Dir-lhe-ia que tem razão. Impõe-se então um percurso mínimo pela estrutura. E dissemos que a estrutura é o nó, como Lacan escreve próximo do final de seu ensino, o dos três registros que representam, convenientemente enodados, o *parlêtre*.

Escrevê-los do modo como o faz, enodados, não exclui que cada registro seja distinto do outro: o real não é nem o imaginário nem o simbólico; o imaginário não é o simbólico nem o real e o simbólico não é o real nem o imaginário. Lacan nos diz que isso se perde nas psicoses. Estamos de acordo, mas também podemos, uma vez feita essa distinção e ao final de um percurso ao qual vou convidá-los agora, escrever na neurose a continuidade dos registros, sabendo que são distintos. Vou fazê-lo com o trevo, que permite apreender a estrutura do real, do simbólico e do imaginário continuamente.

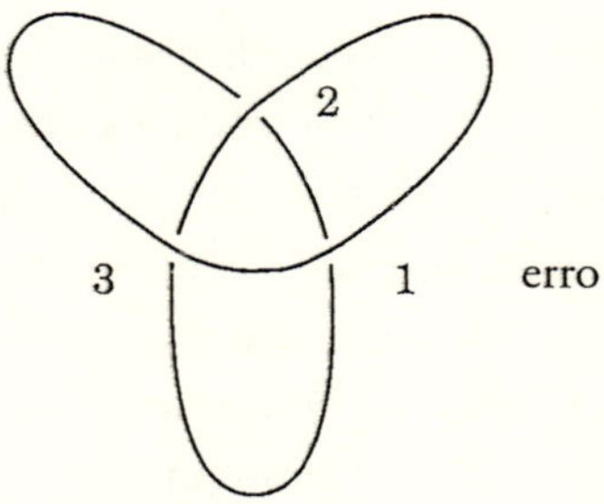

Figura 1

Temos um nó trevo, nesse caso com uma particularidade: para ser um nó que se sustente, um nó trevo que não seja trivial, os cruzamentos teriam que respeitar a alternância por cima-por baixo. Pois bem, no lugar 1, produz-se algo que Lacan chamará *lapsus* e que eu vou chamar *erro*. Chamá-lo *lapsus* tem certo valor: é algo que poderia ter se produzido ou não. Chamá-lo *erro*, ao contrário, me permite assinalar que é um *lapsus* necessário. Há algo em nossa estrutura que é necessariamente fracassado, mesmo na neurose.

Qual é a diferença entre os lugares 1, 2 e 3? (cf. figura 1). O 1 é o lugar do erro, enquanto o 2 e o 3 não o são. Se tomo a figura 1, levanto uma dobra e desfaço o trevo, como se corrige o erro? Por exemplo, colocando um anel no lugar do erro (figura 2).

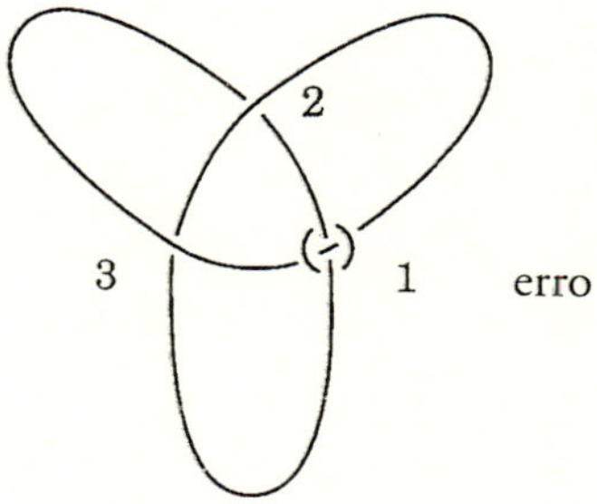

Figura 2

Ou nos outros cruzamentos.

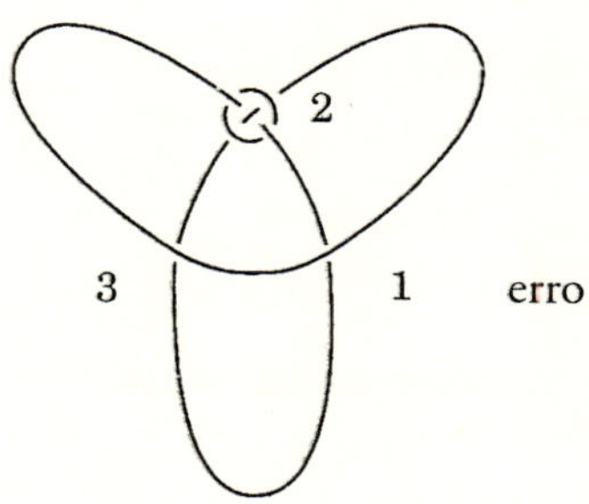

Figura 3

Obtêm-se diferentes resultados de acordo com a opção para reparar o nó, de modo tal que ele se sustente com os três registros.

Vou indicar com duas cores diferentes em que consistiria uma reparação que interviesse em 2, lugar onde não está o erro. Vamos obter isto:

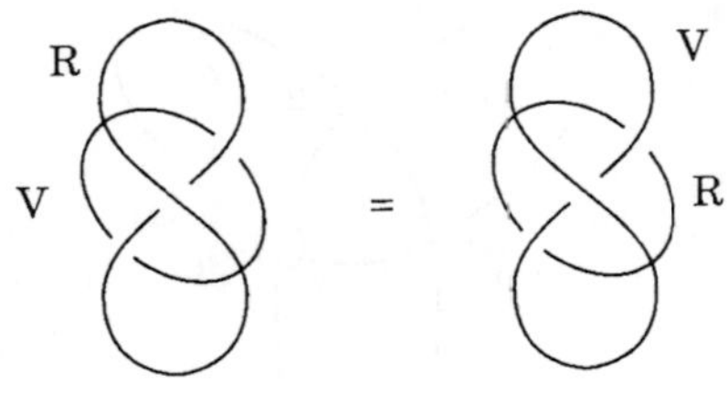

R = vermelho
V = verde

Podemos considerar que há uma equivalência entre uma fórmula e a outra, na medida em que as duas fazem o cruzamento do mesmo modo, mas mudam as cores[1]. Lacan dirá que nesse caso, quando se produz uma equivalência na reparação, não há relação sexual. Isso significa que também admite sua inscrição sob a fórmula do fantasma: $\$ \diamond a$, porque o oito não é mais do que o desdobramento do oito interior de que fala Lacan, borda de uma banda de Moëbius, que representa o sujeito; e o anel é a borda de um disco que representa o objeto *a*[2].

Se vocês concordam que isso é uma banda de Moëbius, temos:

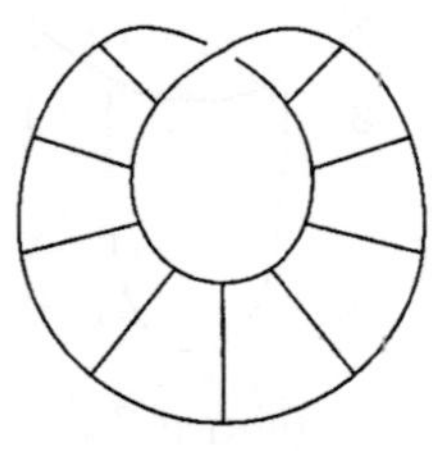

Como notarão, trata-se de um oito dobrado:

[1] A reparação em 2 ou 3 tem como resultado um oito e um anel enlaçados que podem ser invertidos: o oito se fazer anel e vice-versa.

[2] Tal como Lacan esclarece no anexo ao seminário *Mais, ainda*.

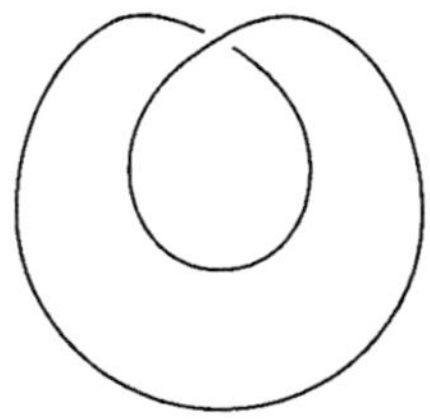

Levanto-o e é um oito, isto é, a borda de uma banda de Moëbius, aquela com a qual escrevemos, na topologia lacaniana, o sujeito.

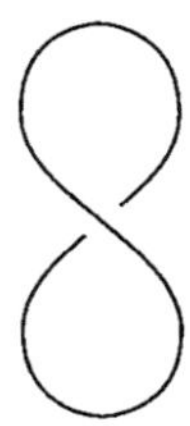

= $\$$

Este outro, que poderia ser a borda de um disco, é o modo como escrevemos o objeto:

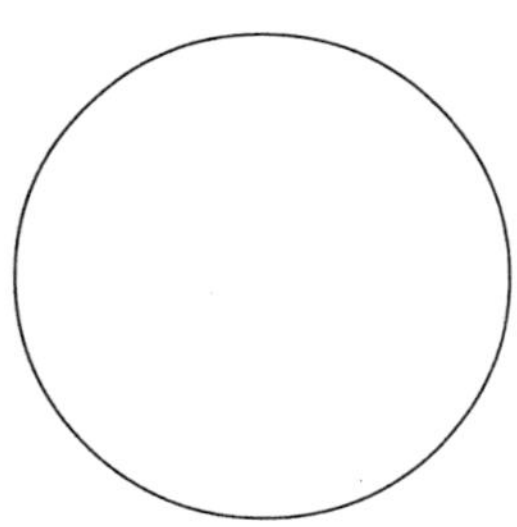

= *a*

Quer dizer que quando um homem se dirige a uma mulher não encontra uma mulher, mas o objeto *a*, e o mesmo ocorre quando uma mulher se dirige a um homem. Isto é, enquanto vigora a ordem fálica há equivalência entre os sexos e não há relação sexual. Há uma infinitude do gozo que o torna impreenchível. Esse é o resultado se a reparação se produz em 2 e em 3. Vamos ver o que ocorre se intervém no lugar do erro.

Se o outro intervém no lugar do erro obtemos esta estrutura A, que, invertida, nos conduzirá a essa outra, B:

Estrutura A — Estrutura B

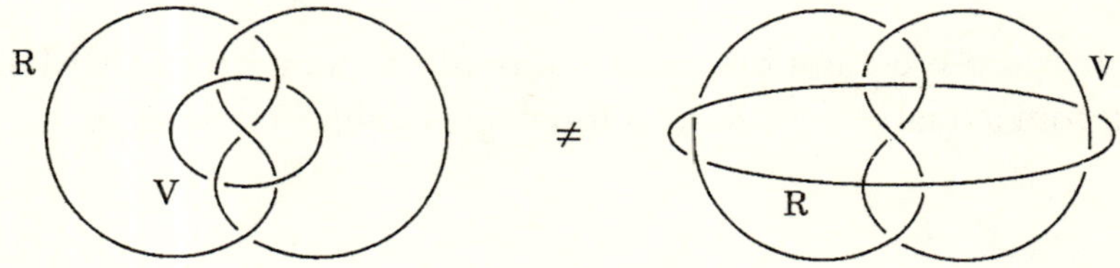

R = vermelho
V = verde

Nos dois casos, assinala Lacan, o anel vermelho fica por fora; em termos topológicos, aqui não há equivalência. A grande surpresa reside em que precisamente, então, quando não há equivalência, segundo Lacan "há relação sexual".

Quando apresentei esta hipótese em Barcelona houve um psicanalista lacaniano de renome que comentou amavelmente: "Você enlouqueceu". Acontece que nossa vulgata nos acostumou a situar o Real da psicanálise na sentença "Não há relação sexual" – algo que não está errado, a partir de certa ancoragem teórica. Agora estamos avançando, estamos propondo algo mais. Para que possa me livrar do apelido de louco – não é que o deprecie, não é ruim ser um pouco louco, inclusive é preferível a estar fechado em certa sensatez inútil –, vou citar uma frase de Lacan; vamos encontrá-la na aula de 17 de fevereiro de 1976, do Seminário *Le Sinthôme*:

> Simultaneamente, há relação sexual e não há relação sexual, na condição de que ali onde há relação é na medida em que há *sinthôme*, isto é, onde, como eu disse, é pelo *sinthôme* que é suportado o outro sexo. Eu me permiti dizer que o *sinthôme* é precisamente o sexo ao qual eu não pertenço, isto é, uma mulher. Embora uma mulher seja um *sinthôme* para todo homem, para uma mulher um homem não é *sinthôme*, não é equivalente (Lacan, 1976: 14).

Na medida em que há *sinthôme*, reparação no lugar do erro, não há equivalência, então há relação. Efetivamente, é na medida em que não há equivalência que se estrutura a relação. Então, nem tudo se reduz à conhecida proposição "não há relação sexual".

Vamos devagar. Isso desmantela afirmações anteriores de Lacan segundo as quais a relação, enquanto sexual, é fálica? Não, a relação enquanto sexual é fálica e, portanto, sofre dessa diferença entre o prazer buscado e o prazer encontrado, isso é assim. Há, por outro lado, um gozo que Lacan, brincando, chama *a-sexuado*, mas que se inscreve também na ordem fálica.

Agora estamos propondo algo mais. No lugar do *sinthôme* pode se situar não apenas uma obra. Recordem que esse lugar é o do anel que vem remediar uma falha da estrutura, e o exemplo que Lacan escolhe é o de Joyce. Ali onde a estrutura carece do que seria a função paterna e onde há uma falha no nó, Lacan sugere que nesse lugar pode vir uma mulher. O que eu proponho é que nesse lugar pode vir também o outro quando é invocado à condição de próximo.

Isso significa que nesse caso há relação sexual? Vou exemplificá-lo com algo que todos vocês certamente experimentaram e que não é outra coisa além de uma das formas do encontro com o próximo – dignidade à qual pode ser elevado, por exemplo, o taxista que os conduz ao trabalho ou ao consultório do analista –, tudo depende da invocação, não há garantia. Recordem que o próximo é a iminência intolerável do gozo. Vocês podem situar o próximo no lugar do objeto sacrificial, pode ser que o outro situe vocês ali ou, no melhor dos casos, pode ser que um dos dois se situe como *sinthôme* no lugar do erro.

Uma experiência que certamente todos vocês tiveram é a da amizade. Quem não tem um amigo ou uma amiga que talvez só veja uma ou duas vezes por ano, mas cuja presença conta, mesmo que não se lembre dele conscientemente; o reencontro com esse amigo não provoca um "Há quanto tempo não nos vemos!", mas a continuidade de um laço: continuam conversando como se tivessem se visto no dia anterior. É o amigo que enoda no lugar do *sinthôme*. E, mesmo que não se vejam por algum tempo, o nó se sustenta. "Há relação sexual" quer dizer que tem essa eficácia pacificadora, distinta da insatisfação própria da ordem fálica.

Poderíamos tentar um exercício, como o de fazer nossa própria escrita do *dia D* de algum senhor Bloom de Buenos Aires, como, certamente, cada um de nós é; imaginar nossa vida ou a de alguém de manhã até de noite, os vários lugares onde se produz essa invocação que enoda, que não é aleatória e que pode ser importante nos cenários mais inesperados. Por exemplo, existem mulheres para as quais esse lugar do nó é sustentado pela empregada doméstica, mas pode ser o garçom de um bar, poderiam ser vocês para mim em algum momento.

Dissemos que o *sinthôme*, enquanto o propomos nessa referência ao próximo, deixa o sujeito bem enodado no encontro consigo mesmo. Recordemos mais uma vez a máxima cristã: "Amarás teu próximo como a ti mesmo" – em seu lugar, nós propomos: "... como ao osso que é condição de tua fala". Há certas equivalências que às vezes Lacan deixa deslizar e que se costuma escutar nos círculos lacanianos, como, por exemplo, aquela segundo a qual "o *sinthôme* é o nome do pai". Mas não é assim. O *sinthôme* é o que vem suprir uma falha no nome do pai. Outro erro situa o *sinthôme* em termos de objeto *a*. Porém o *sinthôme* não é o *a*, mas um anel que vem corrigir uma falha do nó que tem como conseqüência a ausência do *a* como falta – e, na medida em que permite um bom enodamento, produz o reencontro do sujeito com sua falta.

Por isso valorizamos, desde o começo do texto, essa invocação do outro, na medida em que ela consegue que este vá para o lugar adequado. Nada o garante do lado do próximo nem do nosso, daí as relações fóbicas ao encontro com o outro ou a angústia que pode dar certo sabor ao primeiro encontro com alguém. Faz-se presente o remetimento dessa relação ao gozo, o que é recoberto depois para que o encontro funcione. Inclusive no que diz respeito ao homem e à mulher, o próximo no lugar adequado oferece a possibilidade de remediar a falha para que o sujeito se reencontre com sua falta. É o que o cristianismo descobriu quando estendeu a máxima a que vimos nos referindo até incluir nesse amor o inimigo.

Em "Da filosofia"[3], Cícero lembra em uma carta a seu filho que "*hostis*", "inimigo" no latim da época, significava "estrangeiro" no latim primitivo. Polissemia que, como sabemos, é coisa do dia-a-dia. Efetivamente, na medida em que não posso cobrir o estrangeiro com o imaginário de um

---

[3] Citado por Santiago Kovadloff (comunicação pessoal).

sentido partilhado , o que me ocasionaria o *confort* da tranqüilidade – em portenho diríamos: "Sé cómo juega" *, sei onde aplica seu gozo –, ele me é sempre ameaçador, entre outras coisas porque me lembra da opacidade que me habita. Mas por isso mesmo o estrangeiro também é necessário para o bom andamento da *polis*.

Quando o cristianismo nos propõe essa máxima, que pode ser tomada como um mandamento superegóico, não está fazendo outra coisa além de revelar uma necessidade de nossa estrutura: precisamos do próximo, da estrangeirice do outro para nosso nó, para remediar nossa falha.

Por essa perspectiva, talvez tivéssemos que pensar se não há uma diferença entre o que Lacan chama a agressividade própria do altruísmo e certa idéia que na perspectiva cristã se denomina caridade. Pode-se fazer caridade como gesto de beneficência ou como Madre Teresa. No que diz respeito a ela, lembro uma reportagem que fizeram com ela nos Estados Unidos; aparece uma militante dos direitos sociais e lhe diz: "Quero trabalhar"; Madre Teresa a interrompe de repente e responde: "Sim, mas primeiro saiba disto: você não vem pelos pobres leprosos, vem por você". Aí há uma diferença. Na mesma linha conta-se o famoso chiste que um mendigo fez a Unamuno, que, quando saía da Universidade com seus ares de professor, lhe dava umas moedas. Um dia, Unamuno estava entretido falando com uma pessoa a quem estimava, sem notar a presença do mendigo; com isso não lhe deu sua habitual esmola. O mendigo então lhe disse: "Você vai ver só, da próxima vez não vou aceitá-la".

Em relação a essa primeira idéia, segundo a qual Nietzsche propunha a equivalência do ser, do devir e da vida, nós não vamos certamente retornar a uma posição vitalista que reduza o ser do *parlêtre* a essa dimensão. Diremos, sim, que, quando o próximo enoda bem nosso nó, nos ajuda a nos constituirmos, a reencontrarmos a dimensão de nosso ser. Refiro-me a que, como não renunciamos a reconhecer, com Lacan, que o Real de nossa estrutura é o nó, dissemos que a vida enodada à palavra – não só a vida – nos proporciona o reencontro com nosso ser de duas maneiras distintas:

* Em português: "Sei qual é o seu jogo". (NT)

- com a significância do ser, nossa condição de sujeitos como "falta em ser";
- com o ser de nosso corpo enquanto lugar de gozo.

A pergunta que me proponho trabalhar a partir daqui é em que medida isso pode incidir na direção da cura psicanalítica. É muito comum, entre analistas, escutar esta afirmação: "A esse falta análise...". Talvez tenha sua razão de ser; resta pensar, para não reduzir a questão a uma perspectiva quantitativa, qual é a lógica da análise que falta.

9. Da transferência ao próximo

Em um fragmento correspondente a *La Troisième*, texto que Lacan expôs em Roma no ano de 1974 – chamou-se assim porque era a terceira vez que falava nessa cidade –, um ano antes do seminário *Le sinthôme*, quando já tinha desenvolvido seu nó, ele afirma:

> Que o homem goste tanto de olhar a sua imagem, pois bem, não há mais o que dizer: isso é assim.
> Porém o mais assombroso é que isso permitiu que se introduzisse o mandamento de Deus. Contudo, o homem está mais perto de si mesmo em seu ser do que em sua imagem no espelho. Então nos perguntamos o que significaria toda essa história do mandamento "Amarás o próximo como a ti mesmo" se não se fundasse nesse espelhamento, que apesar de tudo é algo curioso; mas como esse espelhamento é justamente o que leva a odiar não ao seu próximo, mas ao seu semelhante, ficaríamos sem compreender se não pensássemos, contudo, que Deus deve saber o que diz e que em cada um há algo a que se ama mais do que a sua imagem (Lacan, 1980: 174).

Recordo-o agora, no final de nosso percurso, porque, ainda que não me prive de adiantar minhas teses, trato de pô-las à prova em relação às daqueles mestres que estimo.

Persiste a questão de qual é a articulação, a passagem que há entre o que esclarecemos em relação a Medéia, ao real do amor de uma mãe, o que na teologia cristã do *ágape* tem a ver com o amor imotivado do Outro, e o amor ao próximo.

Segundo Lacan, os deuses pertencem à ordem do Real. Nós propusemos uma equivalência entre o Deus da teologia cristã, como lugar de onde parte um amor que se funda no Real, e o amor de uma mãe, quando esse amor, para além da dimensão imaginária ou simbólica, se funda no Real. Sublinhamos aí a única frase que se repete três vezes na tragédia: *como são carne de minha carne, eu mesma hei de matá-los*, afirmação de Medéia a respeito de seus filhos.

Que relação isso tem com o que propomos sobre o próximo? Trata-se da passagem do amor do Outro ao amor ao próximo.

Na teologia cristã, o amor do *ágape* parte do amor imotivado de Deus; é o contrário do que nós conhecemos como o amor platônico e o Eros tal como Freud o estabelece, figura mitológica segundo a qual o amor parte da criatura e tenta a aproximação do criador, do Outro divino. O amor do *ágape* circula ao contrário, é a Graça Divina que gera o movimento inicial do amor. Pelo amor de Deus, a criatura, que por sua finitude e seu pecado não o merece, adquire valor. A teologia cristã parte daí, por isso são dois mandamentos que seguem juntos – "Amarás Deus" e "Amarás o próximo como a ti mesmo" – porque o reconhecimento dessa primeira parte – se sou um ser que tenho valor é pela graça divina que me ama – impõe sua conseqüência: a única razão da existência para quem se inscreve nessa perspectiva é identificar-se com o legado de Deus, especificamente de Cristo, que sustenta a paixão da Cruz. Desfaço minha essência egóica, por isso não se trata da tensão agressiva com o semelhante, para permitir que floresça em mim a posição que Cristo assume. Segundo a teologia cristã da Santíssima Trindade, o Deus pai, o Filho e o Espírito Santo são três e são um; o mesmo Deus representa a forma máxima do amor divino: a encarnação no filho que aceita seu sacrifício como um dom que nos concede, que só merecemos porque ele nos diz: "a partir de meu amor, são merecedores". Ao inscrevermonos nessa perspectiva, na ética que ela comporta, a proposta para cada um de nós é deixar que Cristo nos habite – e, com Ele, seu sacrifício. Esta é, de forma sucinta, a relação entre o amor imotivado do Outro divino e o "amarás teu próximo como a ti mesmo" a partir da perspectiva cristã, no amor do *ágape*.

O amor ao próximo inclui uma extensão que não figura no Antigo Testamento, uma vez que excede a ordem da lei segundo a tradição judaica fundada no mérito, na distinção entre as boas e as más ações. As parábolas que comentamos mostram que se trata de um amor que deve generosamente oferecer-se ao outro sem levar em conta o balanço de seus méritos, um amor que não se funda na justiça.

De modo algum essa proposta implica a anulação da lei. No cristianismo mantém-se o decálogo, os Dez Mandamentos, mas esse princípio resume, substitui o que até então era a lei. Não é uma proposta equiparável a certas seitas heréticas milenares que sonham com o tempo em que caduque a lei, em que o incesto seja permitido. A máxima passa a ser o ponto culminante da lei no cristianismo e redefine o valor dos outros lugares da lei, que, como observa Paulo, tornam-se secundários. Assim, por exemplo, a circuncisão não é necessária para ser uma pessoa piedosa inscrita nos mandamentos de Deus.

Para pensar essa questão, não vamos partir do Outro divino; para além das convicções de cada um, estamos considerando a perspectiva do sujeito, tal como nos propõem a teoria e a prática da psicanálise. Partimos de Medéia, mas também tomamos o exemplo que o canto de Pergolesi, o *Stabat Mater*, assinalava, a Virgem como símbolo de uma mãe sofredora que chora seu filho morto. A partir do amor imotivado do Outro primordial introduzimos algo que pretende para si um estatuto de novidade: o amor de uma mãe que não se reduz aos atributos imaginários de seu filho – se é mais louro ou mais gordinho que o da vizinha, quando começou a falar ou andar, etc –, ainda que isso não queira dizer que esse imaginário seja um aspecto completamente excluído. Uma mãe tem direito a isso. Mas dizemos que o amor que se funda no real do Outro não corresponde a esses atributos, como tampouco ao amor que, na perspectiva freudiana, parte da falta e da origem do desejo de um filho como substituto do pênis que o pai não lhe deu. Pornografias que nosso pai, Freud, descobriu na cultura, tampouco se trata disso, o que não quer dizer que desconhecemos o valor da proposta freudiana; aceitamo-la, mas estamos afirmando que no amor de uma mãe há algo que se funda no real. E é em virtude desse algo que ela vive a perda de um filho como uma mutilação, como se lhe tivessem arrancado a carne de sua carne. É um amor que se funda no real da vida.

No nó borromeano Lacan coloca – segundo a forma clássica em que o apresenta – no campo do Real, "vida" (ver p. 133); trata-se de algo que inicialmente Lacan destacou: quando falamos do ser humano, consideramos um ser vivo.

Certamente, trata-se de um ser vivo enodado à palavra. Estou tratando de sublinhar que, mesmo que esse real da vida esteja enodado ao imaginário e ao simbólico, esse real *ex-siste*, Lacan o chama real da vida e, como acredita Nietzsche, a única coisa que quer é ser, advir, aumentar sua afirmação como ser.

Lacan zomba do "ser para a morte" que Heidegger formulou; a questão é simplesmente a vida que quer ser. Aí estaríamos mais de acordo com Sade quando pretende, pela via do crime, introduzir um corte na insistência da vida que persiste.

Recordo o impacto que me produziu o texto de García Márquez, *Cem anos de solidão*, quando li pela primeira vez a passagem em que ele descreve com seu estilo barroco, homólogo ao barroco da selva caribenha, como as formigas, as plantas invadiam a casa abandonada; estava presente nessa cena o incessante da vida.

Até aqui estou falando desse Outro, nesse caso o Outro primordial, a mãe, e da afirmação do Real do amor de uma mãe.

Por outro lado – e se perfila então nossa diferença com o cristianismo –, nós não pretendemos que o sujeito avance em sua análise até o reconhecimento do Outro como Outro, porém, mais exatamente, até a descoberta da inexistência do Outro como completude; o da mãe enquanto ela não é só um ser vivo, está marcada pela sua relação com a palavra.

Estabelecemos que um avanço na cura psicanalítica implica o que chamamos o "esgotamento do Outro", algo que não está desde o começo, mas que é uma operação que o sujeito deve realizar. Uma operação que lhe permitirá perceber outro lugar que marca seu destino, que já não será o Outro, ao modo do Outro divino, mas o que chamamos, seguindo Lacan, "o impossível esgotamento do real", a exigência ineludível da pulsão. Ambas são concomitantes. Um avanço na direção da cura permite ao sujeito, por um lado, descobrir que o Outro primordial está marcado por outras instâncias que o limitam e por sua relação com a linguagem que o deixa incompleto. E, por outro, descobrirá também a sujeição inexorável ao campo da pulsão. Ainda que se faça de distraído, seu corpo é um corpo habitado pela pulsão. Nossa substância varia de substância vivente a substância gozante, no enlace com a palavra.

Lacan se pergunta: poderíamos dizer que o vegetal goza? Não há palavra a esse respeito; em troca, no *parlêtre* a letra nos permite pontuar o vivente que advém como substância gozante.

Outro conceito que pode ter seu valor de novidade concerne à relação entre esse encontro primeiro com o amor de uma mãe, enquanto real do amor, e o mandamento cristão "Amarás teu próximo como a ti mesmo", que, segundo dissemos, revela algo próprio de nossa estrutura, nossa necessidade de invocar o outro para que se situe na dimensão do próximo.

O amor real de uma mãe funda uma transmissão no real; não há só uma transmissão simbólica, há uma transmissão no real, na afirmação do ser enquanto vida. Também passa, quando passa, a quem é sua criatura. No ser humano, certamente, nunca se trata de uma vida desenodada; trata-se de uma vida enodada ao imaginário e ao simbólico, daí que essa transmissão no real só se faça por pedaços de real.

No livro que mencionamos de Alain Didier-Weill, *Invocações*, o autor afirma que o canto de uma mãe, esse canto que qualquer mãe faz para o seu bebê recém-nascido, ou ainda antes, antecipa no real de sua voz o assento, o próximo lugar da palavra, do significante, ainda que inicialmente a mãe diga algo que para a criança não seja mais que uma música que desliza sem escansão. É um bom exemplo de um modo primário de transmissão no real. O tom da voz de uma mãe que se dirige ao seu filho desde que ele nasce realiza uma transmissão no real. Creio que há também algo primário no olhar e diria o mesmo do toque. Costuma-se dizer, de modo comportamental, *estimulação precoce*. Não é um problema neurológico; é o Outro real que toca, levanta, agita, balança, acaricia, pode ser também que belisque, e ao fazê-lo adianta formas de gozo que são formas de transmissão no Real. Como já dissemos uma vez, há uma esquize entre o toque e o tato, como a que propusemos entre o olhar e a visão. Um toque não se reduz à dimensão imaginária, erro que talvez tenha conduzido autores reconhecidos da história da psicanálise a deixá-lo de lado; o toque é uma das formas do objeto *a*. Na demanda do "Abraça-me", não se trata só de ter o outro como unidade; também está presente a especificidade pontual do abraço. Encontramo-lo sublimado no laço social, sob formas que às vezes alguns querem justificar mediante argumentos historicistas. Por exemplo, algo que à distância pode resultar ridículo e inexplicável: por que quando recebemos um paciente fazemos o gesto de estender-lhe a mão, ele nos estende a sua e dizemos que nos saudamos? Sem dúvida é um gesto que se inscreve nas regras de cortesia de nossa sociedade, é uma saudação, mas, além disso, é um real, há um toque real articulado ao simbólico. Justifica-se por uma perspectiva historicista alegando-se que é uma maneira de presentificar que não trago uma lança na mão; buscam-se raízes históricas para dizer por que subsiste o gesto, mas já passou bastante tempo desde que as pessoas decidiram não andar com lanças na mão. É uma forma sublimada do toque, é um toque permitido – nem todos são.

No marco delimitado de nossa cultura – já que não seria o mesmo para um descendente contemporâneo de alemães –, um beijo nos lábios é reservado para a relação amorosa de um casal; em troca, o vínculo familiar entre alemães o admite: pais e filhos se beijam na boca. E às vezes vemos inclusive políticos e diplomatas de grande renome dando "estalinhos". São marcas da cultura; trata-se de um gozo pautado como qualquer outro.

O amor imotivado do Outro fundado no real não desconhece o que se funda no imaginário e no simbólico; só destaco aqui que fundá-lo no imaginário e no simbólico é insuficiente. Esse amor imotivado fundado no Real do Outro primordial se transmite no Real para o sujeito. Com uma eficácia determinada experimenta, aprende o gosto do encontro com o outro, a busca desse outro a quem pode, a partir da invocação que formule, convidar a ocupar um certo lugar.

No Real, o amor imotivado do Outro fundado no real propicia a afirmação do ser nessa homologação que Nietzsche nos propõe: ser, vida, devir. Enquanto afirmação do ser, do mesmo modo que uma mãe faz com seu filho, cada um de nós, como criatura, é levado a fazê-lo também com o outro, de modos muito diversos: desde o piores até os melhores. A busca do outro não é idêntica à do semelhante, por isso citei o parágrafo da *Troisième*. Um exemplo da busca do outro para o pior é o convite para constituir massa. Quem não viveu alguma vez esse prazer de ir ao campo de futebol, por exemplo? Os que desfrutam do triunfo do Boca podem ir e constituir massa gritando todos juntos "gol", ou "dale Boca", ou "lo'vamo'a matar", sempre dirigindo-se a adversários necessários. O que seria do Boca sem o River e do River sem o Boca? Ali, na massa, há uma extensão do meu corpo, uma afirmação do meu ser que o multiplica. Dependerá de como se enlace ao simbólico e ao imaginário para definir até onde vai chegar com o melhor e com o pior. No caso do pior, pode provocar no encontro com o outro sua exação. Ou o seu oposto, que também *é ruim*: a transfusão do meu ser, a ponto de só afirmá-lo no outro – a fórmula atenuada dessa opção é o enamoramento. Nenhuma dessas formas se reduz ao imaginário e ao simbólico; o sujeito nota seu efeito no real do corpo.

Pela melhor perspectiva, como seria essa extensão do ser? Se tomarmos a frase de Lacan "*Y a d'l'Un*", "Há Um", como a redefine ao final, entenderemos que, ainda que sejamos constituídos por três registros, somos Um. Trata-se de *Um* sujeito, sujeito da estrutura, e já não sujeito do significante. Mas o que nossa prática também nos ensina é que esse "Há Um" não se consegue só com os três registros. Dissemos que há uma falha necessária na estrutura que precisa da intervenção do outro para ser remediada; é aí que podemos invocar o outro no melhor lugar: quando o fazemos – como no caso do aforismo lacaniano: "*La femme c'est le sinthôme*" – no lugar do *sinthôme*. Quer dizer que o outro passa a fazer parte de nossa estrutura, enodando ali onde nossa estrutura sofre o erro. Nesse lugar, quando isso se produz, "há relação sexual".

Esta afirmação rompe com um *clichê*, segundo o qual o real da psicanálise é: "Não há relação sexual". Diria que essa é uma parte do real. Quando o outro, invocado ao lugar de próximo, vai para o lugar da falha e corrige o erro nesse mesmo lugar, "Há relação sexual". Um poema de Octavio Paz, que faz alusão a isso, diz assim:

> Para que possa ser hei de ser outro
> sair de mim, buscar-me entre os outros
> os outros que não são se eu não existo
> os outros que me dão plena existência*.

Chegados até aqui, veremos como isso que esclarecemos nos concerne em nossa prática como analistas. Retomo a pergunta: encarregarmo-nos

* Para que pueda ser he de ser otro / salir de mí, buscarme entre los otros / los otros que no son si yo no existo / los otros que me dan plena existencia.

dessa proposta, se é que ela se sustenta, implicaria ou não uma modificação na maneira de pensar a direção da cura psicanalítica? Vou pontuar quatro citações de Lacan para esclarecer minha proposta em relação a elas.

- No seminário *Os quatro conceitos...*, lê-se, na versão francesa, na página 246:

> O esquema que eu lhes deixo como guia da experiência, assim como da leitura, indica-lhes que a transferência se exerce no sentido de aproximar a demanda da identificação. (Esse seria o lado negativo, a transferência entendida como o que faz obstáculo ao andamento da cura psicanalítica). É enquanto o desejo do analista, que continua sendo um x, tende no sentido exatamente contrário à identificação, que o atravessamento do plano da identificação é possível, por intermédio da separação do sujeito na experiência. *A experiência do sujeito é assim aproximada do plano onde pode presentificar-se, da realidade do inconsciente, a pulsão.* [O itálico é meu.]

Já faz parte de nosso saber que a direção da cura aponta para um fim: o atravessamento do fantasma, o que implica fazer cair a identificação do sujeito com o objeto de seu fantasma – algo que em termos freudianos se chama "*fixierung*", fixação a um gozo que parasita o sujeito. Mas, uma vez operado esse atravessamento, não se trata do encontro com o nada, erro freqüente, mas, pela primeira vez, temos um acesso adequado à pulsão. Por isso sublinhei a frase "A experiência do sujeito é assim aproximada do plano onde pode presentificar-se, da realidade do Inconsciente, a pulsão".

- Desse mesmo texto vou pegar outro parágrafo, que na versão francesa encontramos na página 245:

> Para lhes dar fórmulas de referência direi: se a transferência é isso que, da pulsão, afasta a demanda, o desejo do analista é o que aproxima; e por essa via ele separa o *a*, coloca-o à maior distância do I (do Ideal) que o analista é chamado pelo sujeito a encarnar.

Essa frase, com suas dificuldades, sustenta na primeira parte que a transferência separa a pulsão da demanda e, na segunda, que é, em contrapartida, o desejo do analista que a aproxima. Podemos supor então que esse é um objetivo a alcançar. Significa que a transferência, entendida aqui como obstáculo – por exemplo, como transferência amorosa, e sabe-se que para Lacan essa é "a" transferência –, vela para o sujeito o lugar que ocupa em seu fantasma, assim como a pulsão que o guia, que ele vive de um modo invertido e paranóico – "O que o Outro quer de mim?". Graças ao desejo do analista pode sair dessa posição paranóica e reconhecer o que funda seu lugar de fixação no fantasma. Assim o sujeito se aproxima da pulsão e do que constitui o início de seu movimento pulsional, a demanda do Outro.

Quando dizemos "demanda", na teoria analítica, devemos distinguir duas dimensões: uma é a imaginária presença do Outro como prova de amor, outra é a pulsional – a demanda pulsional inconsciente. É o desejo do analista que permite, nos trechos finais de uma cura psicanalítica, que o sujeito encontre como nunca essa pulsão que o habita, que note o esgotamento impossível do real e a origem da pulsão fundada na demanda do Outro.

- Outra citação de *Os quatro conceitos...*, extraída das páginas 245 e 246.

> É para além da função do *a* que a curva se fecha, ali onde ela não é jamais dita concernente à saída da análise. A saber, depois da instalação do sujeito em relação ao *a*, a experiência do fantasma fundamental torna-se a pulsão; que se torna então aquele que passou pela experiência dessa relação, opaca na origem, com a pulsão?

Lacan conjectura que isso só se descobre para além da análise e eu me permitirei debater isso afirmando: "Mestre, creio que é aí que está o seu erro".

Retomo algo que temos repetidas oportunidades de observar: quando se quer criticar um analista, uma das formas mais comuns de fazê-lo é considerar que "... falta análise a esse colega", apreciação que bem poderia ser verdade. "Falta-lhe análise" significaria que lhe falta essa etapa: que o sujeito investigue como distribui seu gozo, uma vez que sai da fixação a uma de suas formas privilegiadas. Digo-o de outro modo: o que faz com o gozo que cada uma das espécies do objeto pulsional representa e conduz?

Por que isso ficaria fora de uma análise? Pergunto-me se não terá tudo a ver com certa repetição, que se nota em nossas instituições, de personagens quase bizarros, que não tiveram oportunidade de interrogar certos traços de caráter – traços que são também uma fixação a um gozo. Isso se nota muito no grupo lacaniano. Alguém poderia me dizer que em outras está oculto sob o manto de conformismo do laço social. É verdade, mas por acaso temos que escolher entre uma e outra opção?

- A última citação de *Os quatro conceitos...* encontra-se também na página 246:

> Como um sujeito que atravessou o fantasma radical pode viver a pulsão? É para além da análise e não foi jamais abordado. Não foi até o presente abordável mais do que no nível do analista, na medida em que lhe seria exigido ter precisamente atravessado em sua totalidade o ciclo da experiência analítica.

E, efetivamente, estou de acordo com Lacan, só a um analista se poderia pedir isso. Lacan acrescenta:

> Não há mais que uma psicanálise, a psicanálise didática, o que quer dizer uma psicanálise que fechou esse anel até o seu termo. O anel deve ser percorrido várias vezes; de outro modo não há efetivamente nenhuma maneira de prestar contas do termo "*Durcharbeiten*" [em castelhano se traduz por "elaboración"], da necessidade da elaboração, se não for concebendo como o anel deve ser percorrido mais de uma vez.

O conceito de "*Durcharbeiten*", de "elaboração", indicaria a necessidade, para uma análise que se arrisca a chegar a seu extremo, de que o sujeito note suas aventuras e desventuras com cada uma das formas em que canaliza o gozo; o modo ou os diferentes modos segundo os quais invoca os outros, os que ele reivindica no lugar do próximo. Tínhamos dito que não falamos nem sequer com o mesmo tom, muito menos com as mesmas palavras e ainda menos com o mesmo grau de intimidade com as diferentes pessoas que encontramos a cada dia.

Por exemplo, se há duas secretárias, invoco as duas no mesmo lugar? Não, e não obstante cumprem, para essa estrutura, a mesma função. Observemos como se diferencia o tom em que se fala com um amigo ou com outro; não se partilha o mesmo com todos, não se igualam as intimidades. Mas nem sequer faz falta remeter ao amigo; podemos falar de uma empregada doméstica, do porteiro da casa onde vivem ou dos próprios filhos e do modo diferente de se dirigir a cada um deles.

Um final de análise teria que permitir ao sujeito estar *advertido* dessas diferenças – e, como assinala Lacan, "advertir" não equivale a conhecer. Advertir implica o sujeito dividido entre o que sabe e o gozo que põe limite a esse saber; supõe experimentar o que lhe acontece quando invoca o outro de tal ou qual maneira.

Não seria uma perspectiva a propor ao sujeito? Sobretudo se aceitarmos que o fato de que possa invocar do melhor modo o outro permitiria que este se situasse como próximo, precisamente no lugar que mais necessita dele.

A máxima cristã "Amarás teu próximo como a ti mesmo" – e não como ao teu eu – poderia ter revelado – pela primeira vez na cultura, e ao mesmo tempo velado, porque o faz de uma perspectiva religiosa – algo que nos concerne: nossa estrutura não se fecha sem a distribuição do gozo que o outro nos propõe.

Bibliografia

Bachelard, Gaston (1965). *Poética del espacio*, México, FCE.

Bergson, Henri (1991). *La risa*, Buenos Aires, Losada.

Didier-Weil, Alain (1998). *Invocations, Dionysos, Moïse, saint Paul et Freud*, Paris, Calmann-Lévy.

Eurípedes (1991). "Medea", em *Tragedias*, Tomo I, Madrid, Gredos.

Freud, Sigmund (1901). "Psicopatologia de la vida cotidiana", em *Obras Completas* (OC), Buenos Aires, Amorrortu, 1980, tomo VI.

——— (1905). "El chiste y su relación con el inconsciente", em OC, Tomo VII, 1980.

——— (1919). "Pegan a un niño. Contribuición al conocimiento de las génesis de las perversiones sexuales", em OC, Tomo XVII, 1980.

——— (1925). "La negación", em OC, tomo XIX, 1980.

——— (1930). "Malestar en la cultura", em OC, Tomo XIX, 1980.

Gilson, Etiene (1981). *El espíritu de la filosofía medieval*, Madrid, Rialp.

Heidegger, Martin (1995). *Holzwege. Caminos de bosque*, Madrid, Alianza.

Hobbes, Thomas (1979). *Leviatán*, Madrid, Editora Nacional.

Kafka, Franz (1979). "En la colonia penitenciaria", em *Relatos completos*, Buenos Aires, Losada, Tomo I.

Lacan, Jacques (1957-1958). El Seminario, Libro 5: *Las formaciones del inconsciente*, aula IV (tradução da Escuela Freudiana de Buenos Aires).

——— (1966). *Écrits*, París, Du Seuil.

——— (1969). *De un otro al otro*, aula de 12 de março de 1969, inédito.

——— (1973). *Televisión*, Paris, Du Seuil.

———— (1975). Le Séminaire, Livre 20: *Encore*, Paris, Du Seuil.

———— (1980). *Le Sinthôme*, aula de 16 de março de 1980, inédito.

Levitas, Emmanuel (1991/1993). *Entre nosotros. Ensayos para pensar en otros*, Valencia, Pré-textos.

Millot, Catherine. "La mística: goce fálico u outro goce", *Notas de la Escuela Freudiana de Buenos Aires*, nº 5, Buenos Aires.

Nietzsche, Frederic (1981). *La voluntad de poderío*, Madrid, Elaf.

Nygren, Anders (1969). *Eros y Ágape*, Barcelona, Sagitario.

Rousseau, Jean-Jacques (1995). *Discurso sobre el origen y los fundamentos de la desigualdad y otros escritos*, Madrid, Tecnos.

Todorov, Tzvetan (1995). *La vida en común. Ensayo de antropología general*, Madrid, Taurus.

Vegh, Isidoro (1980). "Hablar del inconsciente", seminário inédito, proferido na Escuela Freudiana de Buenos Aires.

———— (1998). "Pulsiones de vida, pulsión de muerte. Nietzsche, Freud, Lacan", em *Hacia una clínica de lo real*, Buenos Aires, Paidós.

Companhia de Freud
editora

OBRAS PUBLICADAS

Psicanálise e Tempo
Erik Porge

Psicanálise e Análise do Discurso
Nina Leite

Letra a Letra
Jean Allouch

Mal-Estar na Procriação
Marie-Magdeleine Chatel

Marguerite ou "A Aimée" de Lacan
Jean Allouch

Revista Internacional nº 1
A Clínica Lacaniana
A Criança na Clínica Psicanalítica
Angela Vorcaro

A Feminilidade Velada
Philippe Julien

O Discurso Melancólico
Marie-Claude Lambotte

A Etificação da Psicanálise
Jean Allouch

Roubo de Idéias?
Erik Porge

Os Nomes do Pai em Jacques Lacan
Erik Porge

Revista Internacional nº 2
A Histeria

Anorexia Mental, Ascese, Mística
Éric Bidaud

Hitler – A Tirania e a Psicanálise
Jean-Gérard Bursztein

Littoral
A Criança e o Psicanalista

O Amor ao Avesso
Gérard Pommier

Paixões do Ser
Sandra Dias

A Ficção do Si Mesmo
Ana Maria Medeiros da Costa

As Construções do Universal
Monique David-Ménard

Littoral
Luto de Criança

Trata-se uma Criança – Tomos I e II
Congresso Internacional de Psicanálise e suas Conexões – Vários

O Adolescente e o Psicanalista
Jean-Jacques Rassial

— Alô, Lacan?
— É claro que não.
Jean Allouch

A Crise de Adolescência
Octave Mannoni e outros

O Adolescente na Psicanálise
Raymond Cahn

A Morte e o Imaginário na Adolescência
Silvia Tubert

Invocações
Alain Didier-Weill

Um Percurso em Psicanálise com Lacan
Taciana de Melo Mafra

A Fantasia da Eleição Divina
Sergio Becker

Lacan e o Espelho Sofiânico de Boehme
Dany-Robert Dufour

O Adolescente e a Modernidade – Tomos I, II e III
Congresso Internacional de Psicanálise e suas Conexões – Vários

A Hora do Chá na Casa dos Pendlebury
Alain Didier-Weill

W. R. Bion – Novas Leituras
Arnaldo Chuster

Crianças na Psicanálise
Angela Vorcaro

O Sorriso da Gioconda
Catherine Mathelin

As Psicoses
Philippe Julien

O Olhar e a Voz
Paul-Laurent Assoun

Um Jeito de Poeta
Luís Mauro Caetano da Rosa

Estética da Melancolia
Marie-Claude Lambotte

O Desejo do Psicanalista
Diana S. Rabinovich

Os Mistérios da Trindade
Dany-Robert Dufour

A Equação do Sonhos
Gisèle Chaboudez

Abandonarás teu Pai e tua Mãe
Philippe Julien

A Estrutura na Obra Lacaniana
Taciana de Melo Mafra

Elissa Rhaís
Paul Tabet

Ciúmes
Denise Lachaud

Trilhamentos do Feminino
Jerzuí Tomaz

Gostar de Mulheres
Autores diversos

Os Errantes da Carne
Jean-Pierre Winter

As Intervenções do Analista
Isidoro Vegh

Adolescência e Psicose
Edson Saggese

O Sujeito em Estado Limite
Jean-Jacques Rassial

O que Acontece no Ato Analítico?
Roberto Harari

A Clínica da Identificação
Clara Cruglak

A Escritura Psicótica
Marcelo Muniz Freire

Os Discursos e a Cura
Isidoro Vegh

Procuro o Homem da Minha Vida
Daniela Di Segni

A Criança Adotiva
Nazir Hamad

Littoral
O Pai

O Transexualismo
Henry Frignet

Psicose, Perversão, Neurose
Philippe Julien

Como se Chama James Joyce?
Roberto Harari

A Psicanálise: dos Princípios
Ético-estéticos à Clinica
W.R. Bion – Novas Leituras
Arnaldo Chuster

O Significante, a Letra e o Objeto
Charles Melman

O Complexo de Jocasta
Marie-Christine Laznik

O Homem sem Gravidade
Charles Melman

O Desejo da Escrita em Ítalo Calvino
Rita de Cássia Maia e Silva Costa

O Dia em que Lacan me Adotou
Gérard Haddad

Mulheres de 50
Daniela Di Segni e Hilda V. Levy

A Transferência
Taciana de Melo Mafra

Clínica da Pulsão
Diana S. Rabinovich

Os Discursos na Psicanálise
Aurélio Souza

Littoral
O conhecimento paranóico

Revista Dizer – 14
A medicalização da dor

Neurose Obsessiva
Charles Melman

A Erótica do Luto
Jean Allouch

Um Mundo sem Limite
Jean-Pierre Lebrun

Comer o Livro
Gérard Haddad

Do Pai à Letra
Hector Yankelevich

A Experiência da Análise
Norberto Ferreyra

A Fadiga Crônica
Pura H. Cancina

O Desejo Contrariado
Robert Lévy

Psicanálise de Crianças Separadas
Jenny Aubry

Lógica das Paixões
Roland Gori

Um Narrador Incerto, Entre o Estranho e o Familiar
Lucia Serrano Pereira

Gide-Genet-Mishima
Catherine Millot

Dependência Química na Adolescência
Hélcio Fernandes Mattos

O Sexo Conduz o Mundo
Colette Chiland

Um Homem de Palavra
Nazir Hamad

A Arte de Reduzir as Cabeças
Dany-Robert Dufour

Poetas, crianças e criminalidade... sobre Jean Genet
Alba Flesler / Claudio Martyniuk / Fernando Sabsay / Isidoro Vegh

A Paixão do Sujeito Freudiano
Bernard Penot

Clínica Lacaniana: As Homossexualidades, Revista Internacional n 2

A SEREM EDITADOS:

Os Nomes Indistintos
Jean-Claude Milner

O Caminhante Analítico
Victor Smirnof

Figuras do Real
Ginette Michaud

Do Amor do Outro ao Amor de Si
Patrick Delaroche

A Topologia de Lacan
Jean-Paul Gilson

O Conhecimento Paranóico
Revista Litoral

Letra e Pulsão de Morte
Andre Green

Enigma do Incesto
Laure Rozen

O Inferno do Dever
Denise Lachaud

A Quarta Mulher
Paul Tabet

Lacaniana
Moutapha Safouan

Dez Conferências de Psicanálise
Moustapha Safouan

Estados de Abandono
Jacques André

Transferência e Estados Limites
Jacques André

Da Paixão
Jacques André

A Anatomia da Terceira Pessoa
Guy Le Gaufey

A Criança no Espelho (Freud Wallon Lacan)
Émile Jalley

A Sombra do Teu Cão:
discurso analítico – discurso lésbico
Jean Allouch

O Livro das Separações
Emílio Rodrigué

A Violência na Adolescência
Pierre Kamerer

Para uma Clínica do Real
Isidoro Vegh

A Significação do Falo
Diana Rabinovich

A Angústia e o Desejo do Outro
Diana Rabinovich

O Fracasso do Fantasma
Silvia Amigo

A Topologia de Jacques Lacan
Jean-Paul Gilson

As Figuras do Real
Patrick Delaroche

A Ambivalência Materna
Michele Benhaïm

Oriente Médio: povos autoritários,
sociedades bloqueadas
Philippe Droz-Vincent

Dicionário da Sexualidade Humana
Philippe Brenot

Dicionário da Justiça
Löic Cadiet

O Jornalista e seu poder
Gérard Spitéri

Michel Foucault: a inquietude da história
Mathieu Potte-Bonneville

Lacaniana: os seminários de Jacques Lacan – 1964-1979
Moustapha Safouan

A Escola do Sujeito
Claude Dumézil

O Sexo do Mestre
Jean Allouch

Psicoterapia-Psicanálise-Didática 1 – debates
Analyse Freudienne Presse

Psicoterapia-Psicanálise-Didática 2 – escritos
Analyse Freudienne Presse

Impresso por:

Edil
Artes Gráficas

Tel/Fax: (21) 2159 7979
E-mail: edil@edil.com.br